世界五千年
科技故事丛书

卢嘉锡题

世界五千年科技故事丛书

圣手能医

华佗的故事

丛书主编　管成学　赵骥民

编著　陈湘萍　胡乃平

吉林出版集团 | ℃ 吉林科学技术出版社

图书在版编目（CIP）数据

圣手能医：华佗的故事 / 管成学，赵骥民主编.
--长春：吉林科学技术出版社，2012.10（2022.1 重印）
ISBN 978-7-5384-6129-9

Ⅰ.① 圣… Ⅱ.① 管… ② 赵… Ⅲ.① 华佗（145～208）
—生平事迹—通俗读物 Ⅳ.① K826.2-49

中国版本图书馆CIP数据核字（2012）第156278号

圣手能医：华佗的故事

主　　编	管成学　赵骥民	
出 版 人	宛　霞	
选题策划	张瑛琳	
责任编辑	张胜利	
封面设计	新华智品	
制　　版	长春美印图文设计有限公司	
开　　本	640mm×960mm　1 / 16	
字　　数	100千字	
印　　张	7.5	
版　　次	2012年10月第1版	
印　　次	2022年1月第5次印刷	

出　　版	吉林出版集团
	吉林科学技术出版社
发　　行	吉林科学技术出版社
地　　址	长春市净月区福祉大路 5788 号
邮　　编	130118

发行部电话 / 传真　0431-81629529　81629530　81629531
　　　　　　　　　　81629532　81629533　81629534

储运部电话　0431-86059116
编辑部电话　0431-81629518
网　　址　www.jlstp.net
印　　刷　北京一鑫印务有限责任公司

书　　号　ISBN 978-7-5384-6129-9
定　　价　33.00元

序 言

十一届全国人大副委员长、中国科学院前院长、两院院士

放眼21世纪，科学技术将以无法想象的速度迅猛发展，知识经济将全面崛起，国际竞争与合作将出现前所未有的激烈和广泛局面。在严峻的挑战面前，中华民族靠什么屹立于世界民族之林？靠人才，靠德、智、体、能、美全面发展的一代新人。今天的中小学生届时将要肩负起民族强盛的历史使命。为此，我们的知识界、出版界都应责无旁贷地多为他们提供丰富的精神养料。现在，一套大型的向广大青少年传播世界科学技术史知识的科普读物《世

界五千年科技故事丛书》出版面世了。

由中国科学院自然科学研究所、清华大学科技史暨古文献研究所、中国中医研究院医史文献研究所和温州师范学院、吉林省科普作家协会的同志们共同撰写的这套丛书，以世界五千年科学技术史为经，以各时代杰出的科技精英的科技创新活动作纬，勾画了世界科技发展的生动图景。作者着力于科学性与可读性相结合，思想性与趣味性相结合，历史性与时代性相结合，通过故事来讲述科学发现的真实历史条件和科学工作的艰苦性。本书中介绍了科学家们独立思考、敢于怀疑、勇于创新、百折不挠、求真务实的科学精神和他们在工作生活中宝贵的协作、友爱、宽容的人文精神。使青少年读者从科学家的故事中感受科学大师们的智慧、科学的思维方法和实验方法，受到有益的思想启迪。从有关人类重大科技活动的故事中，引起对人类社会发展重大问题的密切关注，全面地理解科学，树立正确的科学观，在知识经济时代理智地对待科学、对待社会、对待人生。阅读这套丛书是对课本的很好补充，是进行素质教育的理想读物。

读史使人明智。在历史的长河中，中华民族曾经创造了灿烂的科技文明，明代以前我国的科技一直处于世界领先地位，涌现出张衡、张仲景、祖冲之、僧一行、沈括、郭守敬、李时珍、徐光启、宋应星这样一批具有世界影响的科学家，而在近现代，中国具有世界级影响的科学家并不多，与我们这个有着13亿人口的泱泱大国并不相称，与世界先进科技水平相比较，在总体上我国的科技水平还存在着较大差距。当今世界各国都把科学技术视为推动社会发展的巨大动力，把培养科技创新人才当做提高创新能力的战略方针。我国也不失时机地确立了科技兴国战略，确立了全面实施素质教育，提高全民素质，培养适应21世纪需要的创新人才的战略决策。党的十六大又提出要形成全民学习、终身学习的学习型社会，形成比较完善的科技和文化创新体系。要全面建设小康社会，加快推进社会主义现代化建设，我们需要一代具有创新精神的人才，需要更多更伟大的科学家和工程技术人才。我真诚地希望这套丛书能激发青少年爱祖国、爱科学的热情，树立起献身科技事业的信念，努力拼搏，勇攀高峰，争当新世纪的优秀科技创新人才。

目 录

目 录

"神医"——华佗

如果说，中国古代的科学技术史上，群星璀璨，像浩渺的银河一样壮观；再比如说，中国传统医学就像这银河系中的北斗星座；那么，在斗柄与斗勺相接之处，——北斗七星，因其形状类似于乡村中衡量粮食体积所使用的斗，一个带把柄的上阔下窄的四方体而得名，生活在今天，尤其是生活在城市里的孩子，可能没有什么机会见到它；同时，它又像一把我们平常用来盛水成汤的勺子，只不过这勺子底比较深，还发方形；——那两颗具有承上启下意义的星星，一个是医圣张仲景，一颗是我们这本书里所要讲述的神医华佗。他们俩都是东汉末年的著名医学家，继承了先人们从远古到秦汉时期在实践中创立起来的医学科学，又以他们自己的聪明才智和辛勤耕耘，使它得到很大发展，变得强大和坚固，在祖国的传统文化中，占有了重要的地位。而且，对于后来者，他们所创造的医学奇葩，又是一个个闪光的路标，一座座不朽的里程碑。

让我们抬起头来，看看北斗星，按照这样的思绪数一数吧：在斗柄第一位的是远古传说中遍尝百草以寻得活人之药的神农氏，第二位是战国时代杰出的内科医生扁鹊，然后是《伤寒论》的作者张仲景，下一位就是华佗，接下来则是南北朝的炼丹家和药学家陶弘景，唐代的药王孙思邈，明代修《本草纲目》的李时珍……

今天，当祖国的传统医学仍然具有强大生命力，不仅与西医一道，在为保护我们的身心健康筑起一道堑壕，而且，它还在逐渐地走向世界，越来越为全世界的人们所认识和接受的时候，我们回顾起中国历史上的医学巨星，不能不对他们充满感激之情。

他们是我们这个有着悠久而辉煌的历史文明的民族的骄傲和光荣。

不为功名为苍生

一骑快马卷起一路烟尘，一阵旋风。

等到风停了，尘落了，人和马，早已是在天边了。

正在春天的田野上耕种的农夫，一个个停下手中的活计，看着那一人一马的影子，不禁议论纷纷，背负着铁梨的花犍牛，乘主人不注意，伸出戴着笼头的嘴巴，去啃吃刚刚泛青的草。

一位年老者眯起眼睛，盯住远方，疑惑地说：

"那骑马的好像是官府里的听差。急如星火地赶到我们谯地来做什么？"

年轻的汉子擦一把汗，很有把握地回答：

"看他的去向，是到华佗先生那里去。是不是官府又要请先生去做官？"

"华佗先生可千万不能去呀，他一走，咱们这一带地面，有个伤病疬痛的，可就没人给治了。"

年轻人显然不耐烦，"你这话说了多少遍，当着先生面说，背后也说。可是，你还能抱住华先生的腿，挡住他的道，把他留住？谁不知道当官享福，比一天到晚采草药、念医书，行医看病的强多了。"

老者叹了一口气，忽然扬起鞭子，对着贪嘴的犍牛就是一下子，犍牛吃了一惊，猛地往前一蹿，几乎把老者给拽倒，老者气呼呼地，把犁往地里使劲一压，吃土更深，犍牛的负重力更大，犁具的绳套也绷得更紧了。

纵马飞奔的官府听差当然不会听见这些对话，他只知道快马流星地赶到华佗先生府上，把一份沛国（汉代把全国分成许多小的诸侯国，沛国即为其一，在今安徽境内）的相国陈珪亲手写成的帛帖送给华佗。根据他的经验，谁接到这样的帛帖，谁就能做官，因此，他虽然对华佗先生家中的简陋很看不起，但是，对于华佗，却总是表现出毕恭毕敬的态度来。

可惜，他的这种苦心，根本没有被华佗察觉，华佗打开绢帛，把陈相国的手书匆匆浏览一遍，顺手往旁边一放，就又低头读起刚才被来人打断阅读的《内经》来，而且很快就入了迷，把官差给忘到九霄云外去了。

官差敢怒不敢言。一旦华佗应陈珪所请，出去做官，那官差自己没准就会变成他的手下，因此，今日只好忍受他的冷遇，等待他的回答。

谁知，华佗读书读得忘记了一切，口中念念有词，全是官差听不懂的医学文字。时间一点一点地溜掉，官差坐在冷板凳上发呆。他都浑然不觉，一会儿低头细读，一会儿抬头冥想。还是华佗的夫人出来给客人送茶，才打破了这难堪的沉默。

"先生，客人还等着你的回话，你怎么自顾自地又钻到书中去了？"她又转过来对官差说，"真是对不起，他就是这样又痴又傻，不光是会忘了还有客人在座，他连吃饭睡觉都会想不起来呢。"

华佗醒过神来，这才又拿起帛简来，对夫人说："你看，陈相国要举荐我作孝廉，要我到他那里去做官。我可不知道我有什么当官的才能。"

"还不是因为你治病救人出了名，坐不了官府，发不了号令。"华佗对官差说，"请你回去对陈相国讲，我谢谢他的好意。只是我生性疏懒，无意于官场，还是让我在民间行医布药，扶危济困吧。"

官差心中暗暗耻笑，真是个不折不扣的呆子，人家是消尖了脑袋花尽了银子想做官，你家境平平，连个佣人都没有，却一口回绝陈相国，真是不识抬举。不过，这与他无关，他只是关心回去如何交差。他对华佗说道：

"华先生，你最好写一封回帖给相国，要不，相国还会责怪我没有把帛帖送到呢。"

是啊，空口无凭，有帖为证。华佗正要研磨修帖，拒绝陈相国的举荐，一低头，却看见几案上放着几株草药，心中一动，伸手拈起两株绿色犹存的草来，递给官差说，"你把这两株草药带给陈相国，就说它们一棵叫远志，一棵叫决明，相国就明白了。"

华佗夫人急忙拿出一串五铢钱，送给官差，这才把官差打发走了。

夫人却没有华佗那么潇洒。她说华佗即使不愿做官，也不必那么直率地拒绝陈珪的好意。华佗却说，生逢这样的乱世，当什么官，还不是虚与委蛇。世道一乱，官场更是混沌一片。民间谣谚说得一针见血：

举秀才，不知书。举孝廉，父别居。寒素清白浊如泥，高第良将怯如鸡。

原来，由地方官员推荐本地有才能和品德高尚的人才，包括读书读得出色，个人品行廉洁，或者是出了名的孝敬父母，都是当时举荐做官的条件。于是，醉心于官场的利禄之徒，就千方百计地猎取名誉，把自己打扮成德才兼备的样子，以便厕身于仕途。结果，就出现许多表里不一者伪装美化自己却最终被揭穿的笑话。像上面这首民谣所言，明明是不识经史，却被举荐为秀才；明明是家庭不和，父子交恶，分家另过，却选上了孝廉；那些号称是品德高洁，甘于清贫的人，实质上是浑浊如泥，丑陋不堪；住在宽敞的院落、高大的房屋中，生活优越的将军们，夸口说能征惯战，实际上不过是觅食的雏鸡，一遇风吹草动，就急忙逃跑。这是多么辛辣的讽刺！

事实也确证了这一点。史料记载，有一个被推荐为孝廉的人，父亲去世以后，专门在其父的墓地搭了个草棚，住在里边，为其父守孝，无论谁去劝解，都不离开。3年守孝期满，他仍然做出继续为父亲守下去的姿态，于是声誉大长。没有想到，后来有人发现，他在为其父守孝期间，居然在草棚中生了个儿子（旧时至孝之人，在守孝期间是不许接近女色的），滑天下之大稽。

因此，华佗说，"在这样的时代，我被举荐为孝廉，又有什么意思。我还不如用我的医术，为世人做点实际的事情呢。"

山中奇遇

    在华佗生活的时代，当医生并没有什么地位。尽管每一个人都难免要生病受伤，但是，在医学刚刚成长，还没有独立和普及，而是被混杂在方术奇技之中，人们对它半信半疑的时候，对于世人来说，当医生并不是他们的最高理想。在读了一些古代的典籍以后，他们自以为就懂得了治理天下的学问，一心想到朝廷上去做官。志向高洁的人想的是用自己的才能去造福时代和民众，心地卑劣的人则是要为自己博得高官厚禄。至于科学技术领域，则很少有人问津。

    而且，还不只是秦汉时代，传统医学尚未确立其独立地位的时候，医生被看做与巫师、占者、方士相类。都是在社会底层凭三分手艺七分狡诈混饭吃的人，到了后来，考秀才中举人点状元（中国的传统戏曲大量地表现的就是这类内容），只有屡试不中的人，看到与官场功名无缘，彻底失望了，才会转向读几本医书，以行医为谋生的手段。直到上世纪初，民间还流传这样的谣谚："先生改秀才，不用脱旧鞋。"还有人把孔子的《论语》中的一句话，"学而优则仕，不仕则殆"，改动为"不仕则医"，就是说当不成官才考虑做医生。像这样，文人改行当医生，是退而求其次，是不得已而为之，是为了养家糊口，而不是出于对医学事业的热爱和对病患的深情厚谊，怎么能够当好一个称职的医生？平庸的医生多了，又给医学事业造成名誉上和实际上两方面的损害，行医也就更加被人看不起。因此，在华佗所处的东汉末年，要弃绝官场，立下志向，诚心诚意地当一个医生，谈何容易。

似乎是为了考验华佗从医的意志到底有多么坚定，在陈珪派来的快骑官差扫兴而归以后，时隔不久，又有一辆华丽的驷马高车停在了华佗的家门口。这一次，是太尉（和相国一样地位很高的官员）黄琬前来登门拜访，邀请华佗出去当官。他以为自己亲临一个普通读书人的家中，诚心相邀，可谓礼贤下士，华佗一定欣然允诺，同车而返。没想到华佗又一次做出否定的回答。

华佗并不是没有学问而怕进官场。他生长的谯地（今安徽亳县），位于河南和安徽的交界处，是连接南北的交通要道，又离汉高祖刘邦的家乡沛县不远，是经济文化比较发达的地区。华佗有条件读书，家境也不会太穷。据史书记载，华佗曾经在徐州一带游学，即访问和师从该地的学者名流，几种经典古籍《后汉书·方术传》说他"游学徐土，兼通数经"；当时大经典著作是有明确所指的，即《诗经》、《尚书》、《春秋》、《礼记》、《论语》、《周易》等儒学著作），在罢黜百家，独尊儒术的汉朝，是完全有资格做官的。他的弃绝仕途一心从医，也就更显得非同一般，难以理解。这不是大路不走走小路吗？

因此，产生下面这样的传说，也就为他特立独行，提供了一种非现实的依据。

据说，华佗在学医期间，有过一次奇遇。

华佗无意于仕途，性情恬淡，不图功名富贵，喜好杂学方术，读了很多有关的书籍。他还喜欢到名山幽洞游览，常常会不期而遇地碰见奇人高士。

有一天，他因为喝酒喝得有些过量，就在公宜山的一个古洞前停住脚步憩息片刻。忽然，朦胧之中，他听到有人在洞里谈论治疗疾病的方法。华佗很惊讶，古洞怎么会有人，而且还精通医术，就悄悄地贴近了山洞去偷听。

一会儿，他听见一个声音说，"有个姓华的年轻人就在附近，我们的医术可以传授给他。"

另一个声音马上否定说："这年轻人靠不住，他生性贪婪，又不懂得怜悯众生，怎么能把我们的医术传给这样的人？要成为良医，必须能舍己为人，对他人充满同情心才行。"

于是，两个声音争论起来。

华佗非常吃惊。他还没有露面，怎么就被人发觉了？但是，他又求学心切，不忍离开。他就一下跳进山洞，去见两个说话的人。只看见穿着树皮、戴着草冠的两位老人。华佗急忙恭恭敬敬地向老人们躬身拜见，恳切地说："刚才听见两位贤者谈论医术，非常精彩，使我听得入迷而忘记了回家。我一向是以治病救人为我的行为准则的；我所遗憾的是，一直没有学到确实能够药到病除的方法，只恨自己才疏学浅，面对许多病人却束手无策。希望两位有学问有修养的长者，能够体察我的这片苦心，开启我的心智，教给我治疗病患的各种方法，我一定终生不会忘记你们的教诲，不辜负你们的期望。"

听他讲得实心实意，坐在上方的老人开口说："传授你医术，算不上什么大不了的事，只是恐怕将来会使你因此受到牵累。你当医生，天下的病人都是一样对待，不管他们的地位高低，不管他们是有钱还是穷人，不管他们是高贵还是卑贱，都不能差别对待。从医要一以贯之，不能追求靠医道发财，不能害怕吃苦受累，对于那些需要帮助的老人和儿童，要急他们所急，想他们所想。这样做，也许你可以免除自身的灾祸。"

·圣手能医·

华佗认真地听老人讲述，再次拜谢说："您老人家的话，我是一字一句都记在心中，不敢忘掉，今后一定照此去做。"两个老人满意地笑了，指着东边的一个洞子，"那边的石床上有一卷书，名为《中藏经》，你可以拿去，然后赶快离开我们的住所。今日之事，今日之书，都要保守秘密，不要告诉别人。"

华佗感激万分地把一卷医书拿到手，回头一看，已经不见两个老人了。他心中忐忑不安地离开山洞，忽然间，天地变色，什么也看不见，乌云狂奔，暴雨倾盆，山洞也崩塌了。

归家以后，华佗认真地读《中藏经》，觉得书中的论证和提供的药方都与他平日所见不同，有许多奇怪之处，用到病人身上一试验，却相当灵验。

这个故事当然是人们杜撰的。但是，事出有因。其一，它解释了华佗的医术为何那么高明。华佗被称为神医，可是，人们却不知道他的医学修养是从何而来，他的老师是谁。把他的学艺过程假托为仙人所授，百灵百验，也不失为一种方式。何况，中国的医学，在起源和生长的漫长过程中，一直是和说神仙讲奇

 024

术的道家不可分离的。其二，也是更重要的，是它强调了医德对于一个行医者的绝对意义。在以养家糊口乃至骗人钱财为目的的庸医和方士混沌不分，社会对医生的职业存有很多偏见，现实的种种诱惑比如官场的诱惑是意志不坚定的人难以善始善终等等困难条件下，立志献身与医学事业，那是需要超人的精神毅力的，容不得犹豫和动摇。假托仙人之口，把以上的职业道德变成至高无上的，一切为病人着想而不能贪图个人名利的铁律，正是为了加强这医德的约束力。而且，进一步地讲，它还以个人的祸福作预示，以此造成人们的心理恐惧，从而不敢违反它背弃它。至于华佗后来的命运，虽然是终身行医救世，依然不能免祸，这也许正说明在动荡年代里从事医学工作的另一种苦难吧。

前面说过，在古代人眼中，当医生是一个很低下的职业。有关医学的资料，也很不完备。

关于他出生和去世的年代，至今没有能够确证。人们只能根据史料推论，他大约生活在公元145年到公元208年之间。也有记载说，精通医道的华佗，身体很健壮，一直活到90岁以上。

"佗"与虫

华佗善于治虫，连他的名字都与此有关。

我们知道，寄生虫对于人体会产生很大危害。它轻则使人营养不良，面黄肌瘦，重则危及人的生命。不只是在卫生条件差、卫生常识很贫乏的古代，寄生虫是人的大敌，就是在今天，与寄生虫作斗争，仍然是任重而道远。

因此，华佗和他同时代的另一位医学大师张仲景，都对治疗寄生虫付出很多心血，做出许多成绩。单说华佗，他治虫的本领，已经到了出神入化的地步，令人们称道不已。

有一天，华佗走在一条热闹的街道上，路两边都是一家家店铺，一个个小摊，人们来来往往，熙熙攘攘，买卖兴隆，气氛热烈。华佗一路走来，人们纷纷向他打招呼，许多人都受过他的治疗，对他特别热情。

走到一个卖烧饼的小摊前面，华佗停住了脚步。

"华佗先生，你要不要尝尝刚出炉的烧饼？"小摊的主人主动地邀请他。

华佗微笑着谢绝了，"我已经吃过饭了。我停在这里，是想看一看你用来做汤的酸汁。你忙你的，别误了做生意。"

华佗自己动手，舀了一勺酸汤，一边观察它的颜色和状态，一边在嘴里细细品味。这汤既有发酵的醇香和酸冽，又有大蒜的辛辣，非常开胃。不过，华佗对它的兴趣，不在美食，而是想用它给人杀虫治病。他研究这酸梅汤已经有很长时间了，并且确切地认为，这汤可以治虫。

这其中的原因何在呢？

原来，亳州古地，酿造业是很发达的。今天名扬天下的古井贡酒，就是产在此地。而在中国古代科技史上，酿造业和中医汤剂的发展有着不解之缘。粮食发酵以后，可以酿成酒，也可以做酱做醋。随着酿造业的发展，用药经验和药物品种的逐渐增多，人们又发明了药酒用以治病。中文繁体字的"医"字是这样写的"醫"，它进一步证明了酿造术和医学的密切关系。虽然当时的人们还没有认识微生物，但是已经能够利用微生物。

　　具体到用酸汤杀虫，也是有道理的。这酸汤与我们所说的醋相去不远，具有消毒灭菌作用（在今天，用醋灭菌消毒，用醋养生保健，也开始成为时尚）。在科学不发达的古代，以此治疗寄生虫，是一种创举。

　　说来也巧，华佗离开饼摊往前走出不远，就碰到一个病人，他被病情折磨得连路也走不了，只能坐在车子里前来求治于华佗。病人说，他总觉得嗓子眼里堵得慌，痛苦不堪。华佗听了病人的诉说，心中一动，就对病人说："你不用着急。顺着这条路往前走，路边有个卖烧饼的小摊。他的酸汤做得很有味道。你只要连喝3升酸汤，我可以保证你的病会好。"见病人不相信的样子，华佗又说："给你治好了虫病，你把虫子给我做个样本。"

没听说过烧饼的酸汤能治病。华佗先生是不是没有办法了，拐着弯搪塞自己？病人心中疑虑重重。可是，要是华佗也治不了的病，那也就真是无人可治。病人没有什么办法，只得将信将疑，照此办理，在路旁找到那个烧饼摊，咬着牙连喝了几碗酸汤。没有想到，酸汤在肚子里咕噜咕噜一阵乱响，翻肠倒肚，七上八下，不一会儿，只觉得越来越翻腾得厉害，一张口，连汤带水全都喷了出来。

病人心想，硬逼着自己喝下几碗汤，把肚子喝成个汤桶，病痛无法解除，又被作弄了一回。没有料到，一低头，实实在在地吓了一跳。地上一条几尺长的虫子，正在挣扎。再定下神来，仔细体察，嗓子眼通了，心气顺了。这才不由地称赞说："华佗先生真是个神医呀！"

病人吩咐给他赶车的车夫，把长虫收拾起来，往华佗家行去。到了家门口，想到华佗外出还没有归来，就在门外等候。正在这时，华佗的小儿子玩耍来到门前，看到客人的车子上悬挂着一条长长的虫子，就自言自语说："客人的车子旁边挂着虫子，一定是来拜访我的父亲的。"他把那个病人礼让进家中，来人一看，墙壁上足足挂了几十条长虫，令他惊奇不已。

华佗从烧饼摊上的酸汤受到启发，改进了自己的方剂，提高了疗效。

有一位广陵太守，名叫陈登的，既为一方之主，华衣美食总是少不了的。眼看秋高气爽，又见鲈鱼肥美，吃生鱼的季节。官宦富豪人家都不惜重金，买到鲜活的鲈鱼，或自家独享，或呼朋唤友。身为太守的陈登，自然不会落后，他在府中大宴宾客，门前车马都停满了。美酒鲜鱼，歌舞伴宴，盛极一时。没想到，在盛宴以后，乐极生悲，忽然感到胸中烦躁，憋闷，面色潮红，不思饮食。他急忙请了华佗来看病。

华佗给他把脉，观看他的面色，断定说："你这是吃了不清洁的肉腥，肚子里有虫在作。"

陈登听罢，非常着急，请求华佗给他医治。华佗用草药煎了一大锅汤，要陈登连服两次。药汤喝下去，时间很短，陈登就呕吐起来，一下子吐出很多很多小虫子；这些虫子颜色发红，动个不停，许多虫子还附着在生鱼上。原来，人们贪图口福，品尝未经烹饪的新鲜生鱼，却不知道，鱼身上带有很多寄生虫，没有高温消毒，连虫子一齐吃到肚子里，怎么能不闹病呢？

　　呕吐以后，陈登的病痛立刻解除了。他正在高兴且要感谢华佗的医术高明时，没有想到，华佗却告诉他，不要高兴得太早，他的寄生虫病并没有根除，再过3年，就会重新复发，到了那时，只能再一次地求助于好的医生。

　　三年以后，陈登的病症果然再次发作。正巧，华佗不在当地，无人救治，陈登因此而死亡。

　　如果说，人们对寄生虫的知识了解很少，那么，华佗却从实践经验中懂得了寄生虫的危害性：即使在短时间内取得明显疗效，但是，寄生在人体的虫子却很难根除，它在经过一段潜伏期以后，很可能再度复发，遗患于未来。对陈登的寄生虫病的预言，就是建立在相当的实践基础之上的。他对于寄生虫病的深刻认识，使他能做出一定的预见，推断预后效果；他的预言被证实，又使得人们对他更加崇敬，对他医术更加信赖。

正因为华佗善于治寄生虫病，有人考证说，华佗的"佗"，可能不是他的真名，而是一个绰号美称。最早记载华佗事迹的《后汉书·方术传》说，华佗字元化，沛国谯人也，一名旉，也就是"蛇"，就是"虫"（在几种华佗传中，"蛇"和"虫"的确是可以互通的，同样是寄生虫，长者称为蛇，短者称为虫）。华佗正是因为擅长于治疗寄生虫病，人们才称他为"佗"。当然，在西汉初期，佗字就用作人名，汉文帝的《赐南粤王书》——中国散文史上的经典作品中的南粤王就叫做赵佗。不过，若是想到当年的南粤之地，是适宜蛇类动物生长的地方，那么，把华佗之"佗"和他的治虫本领联系起来，也是有道理的。

双胞胎的奥秘

　　华佗精湛的医道，不只是对寄生虫有奇效；在医学科学和医疗技术都刚刚建立的时候，当医生的并不像今天这样分成很多分支，他必须要有全面的才能。华佗凭借他丰富的医学经验，作过很多成功的诊断。说他料事如神，也许不算夸张。

　　有一位姓李的将军，请华佗给他的妻子看病。华佗在给她把脉以后，对李将军说，"你的夫人是因为腹中胎儿受到伤损，胎儿却没有产出，这就是病因。"

李将军不禁哈哈大笑说："都说你是神医，你也有出错的时候。我的妻子已经流产，谈何胎儿尚在腹中？"

华佗摇摇头，他坚持自己的意见说："将军，根据脉象，夫人的病症的确是腹中胎儿受到损伤，却又没有及时产下来，在腹中形成病患。"

将军不再理会华佗。他想，夫人明明在此前已经流产，胎儿也夭折了，这个华佗，连妇女腹中有没有胎儿都诊断不出来，却还有勇气在这里装作胸有成竹的样子，一口咬定是腹中胎儿作怪，真是莫名其妙。所谓神医，徒有其名，不过是个高级的江湖骗子罢了。

正巧，过了没几天，李夫人的病状有所减轻，将军对自己判断越发深信不疑。于是，他草草地把华佗打发走了。只想着夫人的病会一天天地好起来。

谁知，好景不长。过了有100多天，李夫人的腹中再次疼痛难忍。李将军没有办法，只得把先前草草打发走的华佗又请了回来。好在华佗是以治病救人为重，而且，他的预言还有待证实，于是，他不计前嫌，欣然前往。

李将军这回丝毫不敢怠慢，隆重地招待华佗，高车大马，锦衣玉食，以表示他的诚意。

可是，他的这一番苦心，华佗却视而不见。华佗的全部心思全放在病人身上。他重新给李夫人诊脉，凝神急虑，双目微闭，沉思片刻，非常肯定地说："夫人的病状和以前是一样的。你们都以为胎儿已经流产，其实，夫人受孕，怀的是双胞胎。本来，分娩的时候，应该一齐生出来。可是，夫人出了意外，一胎已经流产，因为失血过多，体力不支，所以另一胎没有力气生下来。做母亲的，没有察觉这种情况，别人已经不晓得夫人腹中有两个胎儿，没有及时接生，另一胎因此没有生出来。现在，胎儿已经死在腹中，母亲的血脉却因为死胎阻隔，不能畅通地复归自身，必然伤害夫人的身体，使夫人感到脊柱疼痛难忍。"

"那么，应该怎么办呢？上一次未能听取先生所言，延误至今，还请先生全力医治才是。"李将军深深地向华佗施了一礼。

华佗毫不迟延，急忙开了药方，针灸和汤药并用。李夫人接受治疗以后，果然有了分娩反应，可是，尽管她浑身冒汗，宫缩不已，痛苦地折腾了几个时辰，胎儿还是下不来。

华佗略以思索，死胎不比活的胎儿，他在母体里已经枯萎，没有活力，靠将军夫人自身的力量，是无法把他生出来的。他要将军找一个产婆来，并且告诉她施行救治的方法；产婆依照他的指示，把手伸到李夫人的产道里去探，果然把死胎接生下来。死胎已经长成人形，但颜色早已枯黑。

类似这样的情况还有许多。华佗碰到过各种各样的病人，而且很多人都是请别的医生看过以后，不见好转，才来求华佗的。华佗在这样的时候，往往表现出他惊人的判断能力。当一个医生，他的手艺条件，就是要能正确地诊断病人的病症，是什么地方出了问题，验证到什么程度；就像军队打仗，当指挥员的，首先要明了敌人的情况，如是判断错了，那就会满盘皆输。华佗是在长年的行医中积累总结出种种诊断方法的。能够确诊病人的疾病，为以后的治疗奠定了好的开端。

盐渎县的严昕，久闻华佗先生的神医妙术，风尘仆仆，慕名而来，和几个朋友一齐请华佗赴宴，酒席非常丰盛。华佗感谢他们的盛情，也特地前往。

　　一阵寒暄过后，众人纷纷举杯，向华佗敬酒。

　　华佗把酒杯端在手里，却没急于应酬。他问严昕说："严先生的身体状况如何，有没有什么地方感觉不合适？"

　　严昕回答："我的身体一向很好，能大碗饮酒，大块吃肉。我们宴请华先生，是久慕先生的大名，并不是看病而来呀。"

　　严昕显然有些不快，他觉得，华佗误解了他们的好意，以为他们是绕着弯子要让华佗给自己看病呢。

　　华佗却没有察觉，作为医生的职责，使他无法掩盖自己的判断，"严先生，依我所见，你面色不佳，表现出有急病在身的样子。今天，你应当有所节制，少饮酒为好。"

　　严昕对华佗的话并没有听进去。

　　因此，他喝起酒来照样是如同喝白开水一样，豪饮不已。

华佗见他不听劝阻，心中就暗暗担心。于是，当严昕向华佗劝酒的时候，华佗一再婉言推辞。

　　尽管华佗的态度很诚恳，严昕还是感到恼火。他想，他们请华佗赴宴，本应是件高兴的事情。没想到华佗这么不懂人情，自己喝酒推三挡四，还用大话吓唬人。早知如此，他何必用心良苦，宴请华佗呢？由于心中不快，他不由地就饮了许多酒下肚。

　　酒宴散了，严昕坐着马车回家。路上，他觉得头发晕，竟然从车子上摔到了车下。别人急忙把他扶上车，还以为是他喝酒喝多了。没有想到，回到家中时间不长，严昕就死去了。

　　以今日眼光看，严昕的死因，很可能是急性脑出血，或者是心脏病突然发作。像这一类疾病，如果在发现了先兆以后，及时加以预防，是可以避免不幸事件的。华佗的预言，却因为病人的固执而失去了效用。

　　固执的还不只是严昕。

　　还有一个当小官吏的顿子献，得了一场病，已经痊愈。他请华佗给他把脉。华佗伸出手去，搭在顿子献的手腕上，几个手指在尺、关、寸的部位上轮流着力，然后对顿子献说："你的病虽然已经见好，但却是元气大伤，身体很虚，需要很好地调养恢复。在近期内，你不要做费力气伤身体的事情，也不要和你的妻子同房。这可不是随便说的，你要是不听我的话，不注意节制和休养，会很快丧命的，而且死得很惨，舌头都要吐出几寸长。"

顿子献听了华佗的话，却感到不以为然。他病情最重的时候，都没有致命，现在病痛已经解除，身体也康复了，还说什么死呀活的，这不过是医生的过分谨慎而已。恰巧，他的妻子听说他已经痊愈，从百余里以外的家乡赶来看他。夫妻相见，既是久别重逢，又是大病初愈，非常亲热，顿子献早已把华佗的警告忘到了脑后。熟料，夫妻亲热了没几天，顿子献的病就复发，并且很快就去世了。

简洁是重要的才能

　　做什么事情，都有一个由浅入深、深入浅出、由简到繁又由繁到简的过程。

　　原因何在呢?

　　按照人对客观世界的认识规律，人们一开始接触某个事物，总是由无知到有知，在反复的接触和研究中，知识一点一点地积累起来，能够从各个方面、各个角度去观察和理解它，能够进行较为全面的描述。但是，有了复杂的认识还远远不够，还要能够在深入剖析的基础上，重新把握事物的根本所在，能够提纲挈领，要言不烦，直接地抓住要害，解决问题。比如说，数学的公式，就是这种简洁原则的最好体现：公式是从大量的推导和计算中总结出来的，它的形式简洁明快，一目了然。再比如说，优秀的文学作品，简洁也是其不可或缺的因素。鲁迅就说过，好的小说，用的是"画眼睛"的方法，背景可以是简单到近乎于没有，头发也不必一根一根地勾出来；言简意赅，以白描传神，确实是鲁迅的经验之谈。中国古代的绘画理论，也是非常推荐以简代繁、以白当黑、将无作有的。因此，古人云："删繁就简三秋树，领异标新二月花；"正是提倡这种有繁到简、返璞归真的艺术升华。

简洁，是重要的才能。

华佗的医术，也具有非常简洁的特点。

据《后汉书·方术传》记载，华佗精通于医药学，给人看病，并不会杂七杂八、面面俱到地使用一大堆中草药，而是主题鲜明，几味药足矣；而且，对药的分量，他是心中有数，不用拿秤称重量，只要用心用手就准确无误了。他给病人用针灸治疗，也很有心机，只在几处重要的穴位着手，就可以解决问题。

如果说，前面所讲的料事如神，主要是说华佗对病情的诊断和预后效果的高明，那么，这里讲的简洁，则是他进行治疗时的重要特点。二者相辅相成，相得益彰，成为华佗行医的两个特征。

翻检后人编撰的《华佗遗书》，托名为华佗所传的《华氏中藏经》、《华佗神医秘传》中所收录的验方，大部分方剂都只有2到7种药材。不妨举几个例子，也好让细心的读者有一点感性认识：

太上延年万胜追魂散

人参（去芦）、柴胡（去苗）、杏仁（去皮尖）、天灵盖（炙）各一两，蜀椒一分，桃柳心一小握

右为末。童子小便一升，末一两，陶瓶中煎令熟。空心、日午各进一服，经五日效。

灵乌丹：治一切冷疾、疼痛、麻痹、风气

川乌一斤，河水浸七日，换水浸。去皮尖，切片，干之。牛膝二两，洒浸，焙。

何首乌四两，制如川乌法。

右为末，炼蜜圆如桐子大，朱砂为衣。空心，酒下七圆，渐加至十圆。病已即止。

治暴喘欲死方

大黄一两，牵牛二两（炒）

右俱为细末，每服二钱，蜜水调下，立愈。治上热痰喘极效。若虚人肺虚冷者，不可用。

华佗治伤寒腹胀神方

桔梗、半夏、陈皮各三钱、生姜五片

水二碗，煎服。

《华佗遗书》是否出自华佗之手，是否是后人假托，目前尚有争议。不过，他的用药剂形简洁之至，却是与史书对华佗的记载相吻合的。

下面的故事，也都是出自史书的记载。

东阳县的陈叔山，有个孩子，刚刚两岁就生了病，大小便的时候，常常是先要啼哭一番，一天比一天羸弱，精神不济。陈叔山向华佗求治。

做家长的和做医生的都知道，小孩子的病最难诊断也最难治疗，因为幼儿不懂事，不会向医生陈述病状，不会配合医生的诊治。看着孩子瘦弱的身体和他的父母双亲焦急的情形，华佗凭借丰富的治疗经验，给孩子看病。

他对陈叔山说："孩子的母亲在怀孕的时候，因为阴阳失调，阳气内养，给孩子的奶汁里阴虚寒冷，儿子接受了母亲的寒气，阳气不足，因此身体一直不好，体质很弱，难以康壮。"

陈叔山急忙问道："这要用什么名贵的复杂的药材治疗吗？虽然我们并不富裕，但是，给孩子治病，我们也在所不惜。"

华佗笑了："你不必担心。俗话说，并不在多而贵精。我给人看病也是这样，第一，用药不在于数量和品种多，而在于对症下药；第二，治疗疾病，不在于用多少奇缺的、名贵的药材，只要合乎病理，虽然是草根树皮，都是灵丹妙药。像你家的小男孩，治好他的病并不难，用药也很简单，只要四五种药材就可以了。"

华佗给陈家男孩用了"四物女宛丸"，顾名思义，它的主药只有四种。小孩子的病不过10天就治好了。

信手拈来皆是药

下面的例子，是又一种简洁。由于判断准确和对于药物疗效的正确把握，碰到疑难杂症，华佗也很少犹豫不决，他的处置方法，总是直奔主题而去；换句话说，在直线和曲线之间，华佗常常是选取直线，用最简明最有效的办法治病救人。

中国医药学中的用药，是非常广泛的。举凡身边的诸物，田野的百草，都可以为其所用。就地取材，物尽其用，是一个重要原则。当医生当到一定的境界，就可以信手拈来，万物皆备于我，万物都可活人。人们说，在好木匠手里，没有无用之才。在好的中医眼中，也可以说是没有无用之物了。通常的中药里，就有什么小孩子的尿，厕所里蛆，连能致人死命的砒霜，控制用量，也可以入药。反过来，因为可以用来治病的药材种类甚多，可供选择的范围很广，精通医药学的医生就可以选取最为有效的方法和药品，一语中的地击中病症的根本，做到药到病除，减少了不必要的繁琐和弯路。

有一个女子，得病很多年了。她的病症是既怕热又怕寒，夏天燥热，冬天则觉得从骨头缝里往外冒寒气。很多有名的医生她都请教过了，大家的诊断都差不多，却又都难以下药。

原来，中医把病人分为寒热两种类型。对属于寒症的医生用的是补益之法，让他们加强身体的素质，提高自身的能力，驱除寒气，扶阳祛寒。对热症，医生使用的则是发散之法，虚热也好，实热也好，都以平衡寒热、排除内热为要。对于这个妇女的寒热两症俱全，就很难处置。一头是火，一头是冰，首鼠两端，进退两难，顾了这一头，会伤了那一头；不是火烤化了冰，就是冰镇灭了火。无论如何，都只会加重而不是减轻病人的病痛。这是最使医生头痛发愁的病症之一。

因此，许多医生都对此束手无策。

华佗却毫不犯愁。

他在给病人做了确诊以后，就要求病人说："你的病，说好治也好治，说难治也难治。说难治，这么多医生都望而却步。说好治，你要信任我，完全照我说的去做。我这药方，是从一个在山洞里修行的贤人那里得到的，写在《中藏经》里，保你药到病除。只要咬紧牙关，挺过去，你的病就会慢慢痊愈。成败自此一举。"

听他说得这么肯定，这个妇女有了信心，并且做好了思想准备。

不过，到实行治疗的时候，她还是大吃一惊。

正是12月天气，寒风凛冽，寒气逼人。

黎明之时，太阳尚未升起，在一天里寒气最重的时分，华佗让那个妇女坐在日里饮骡马的石槽里，命人用带着冰碴的水灌到这女病人坐着的石槽里，并且要满100罐才行。

汲水的人不解其意：病人本来就是有病在身，再泡在大冬天的冰水里，还要不停地换水，这不是雪上加霜，是一道催命符吗？

女病人也不知道这是什么治疗方法。不过，华佗有言在先，她也只好忍耐一时了。

才灌了七、八罐水，病人已经支持不住，冻得几乎昏过去，全身上下，都没有任何感觉了。又冷又怕，想说话都说不出来。只有嘴巴微微抖动，却没有声音。

打水的人见势不好，急忙丢下水罐，停住打水。

华佗大声呵斥他："快去打水！人死了有我偿命，你只管听我的就行！"

打水者不敢怠慢，赶快跑到河边，从冰窟窿里提出一罐水来，又倒在石槽里。

说来奇怪，病人坐在石槽里，冰水不停地往里倒，身上仅有一点热气，早就被反复注入又流出的水带走，有一阵子，已经觉得自己死过去了。没有想到，冰水不停地往石槽里灌，灌着灌着，反倒感觉有了温度，并且越来越热。华佗一丝不苟地数满80罐的时候，病人竟然浑身冒出了热气，头上大汗淋漓，热气升腾，升起足有二、三尺，让人不可思议。

直到注满100罐冰水，华佗才叫停下来。他又命人把火炕烧上火，让病人躺在火炕上，被子盖了一层又一层。下面热炕烤，上面被子捂，汗水出得像小河一样，又很快被身下的火炕烤干。病人觉得全身的皮都脱掉了好几层。

这时，华佗要人撤掉火炕柴火，病人起身，在全身洞开的毛孔上敷了一层粉，防止风寒乘汗水未落侵入体内。

等到汗水干了，女病人马上觉得像换了一个人，身轻体便，轻快无比。一身的病痛，都飘然而去。

琅琊人刘勋在河内（今河南境内）作太守。他大女儿年近20岁，左腿的膝盖上有个奇怪的疮，只觉痒不觉痛，一些时候愈合，过些日子又复发，发了又好，好了又发，一直纠缠了这个女孩子七八年，令人非常烦恼。

华佗被请来为刘勋的女儿治疗。他检查了女孩的患处，并不像通常的医生那样，在生疮的地方涂抹药膏，或者以外科的方法用刀子剔除腐肉；他对刘勋说："这病不难治愈。请你给我准备一条黄狗，两匹好马。"

刘勋非常惊讶。就是配药，也没听说要用这两种动物呀。可是，既然没有别的人能治好女儿的病疮，那就只能依照华佗的吩咐去准备。

黄狗牵过来了。"汪汪"地乱叫，惶惶不安；

骏马牵来了，不停地用马蹄刨着地面，骚动不已；

闻讯赶来看热闹的人们，都围在旁边，不知华佗要黄狗和骏马何为。

华佗非常从容。他要太守的手下人用绳子套在黄狗的脖子上，将绳子的另一头系在马身上，然后把马赶起来，让马带着黄狗飞奔；一匹马跑不动了，又换上另一匹，一直跑了30多里路，跑到狗跑不动为止。接着，又命令仆人强行拖着狗往前走，又走了20里路。直到把狗累得筋疲力尽，气息奄奄。

华佗取出事先准备好的药，让刘勋的女儿喝下去。该女服药后马上就不省人事地躺倒了。

华佗让人用快刀把黄狗腹部靠近后腿的地方砍断，把狗腿的砍断处向着刘勋女儿腿上的疮口，离得只有两三寸远。经过剧烈运动，狗的腿部气味大增，腥气逼人。不一会儿，一条长长的虫子从疮口钻出来，探头探脑。华佗用铁锥子穿过其头。虫子仍然在刘女的腿里挣扎良久，才停止了摆动。把虫子拖出来，足有三尺多长，像一条蛇一样，只是头上没有长眼睛，全身却有鳞片。

除掉了长虫，华佗给刘女的患处敷上药膏，7天以后，疮口就全好了。

"华佗夹脊穴"的由来

中国古代的医学，是在漫长的历史时期里积累和丰富起来的。

这种积累和发展，一是要靠对前人的实践经验的继承和总结，二是要靠自己的勤奋和天才，做出自己的创造，为医学提供新的成果。

科学上任何的创造，都是非常不易的。他需要广博的知识，丰富的实践和深入认真的思考。尤其是医学，这是关于人的生命和健康的科学，人命关天，必须慎重而又慎重，来不得半点马虎和冒失：但是，医学又是需要不断革新，作出新的探索的。没有创造，没有发展，就会僵化和凝固，就会失去自我更新的生命力，就会落在时代发展的后面，甚至会被淘汰。

今天，我们对于那些做出了各种科学创造的人们充满了尊敬，各有关部门还专门设立了各种科学研究基金，设立了对于重大科学发明创造的物质的和精神的奖励，以鼓励人们在这些方面做出努力。在华佗的时代，这一切有利条件全都不具备，华佗所能依靠的，只是自己孜孜不倦的追求精神和悬壶济世（古代的行医者用壶装药，并且把药壶作为自己的职业标志）的崇高信念。

"华佗夹脊穴"就是他在这样困难重重的条件下做出的独特的发现。

一个负责督查地方事务的官吏叫徐毅的，他得了重病。华佗闻讯前去给他看病。

徐毅告诉华佗："我本来是胃口出了毛病。昨天，官府的医生刘租给我治疗，说要在我的胃管上扎针。结果，不但没有减轻我的病痛，扎完针，我就一直咳嗽不已，连睡觉都睡不安稳，坐卧不宁。"

华佗给他做了检查，详细询问了针刺治疗的情形，断定说："你是被庸医给害了。他扎针扎错了地方，没有扎到胃管，却扎到肝上，是你肝受了致命伤。现在，你每天的饮食会一天比一天少，而且无法治疗，很难超过五天的时间了。"

徐毅听了，悲哀不已。他急忙让家人给他准备后事。果然，第五天，他就不治而亡。

对于这个病例，华佗捉摸了很久。他想，按照前人的针灸理论，刘租扎针的地方和深度都没有错误。医书上说："夹脊相去三寸"（以脊椎骨为正中线，向两边各量度出一寸五分，就是行针的穴位所在）。可是，为什么刘租依古法行针，会使徐毅的肝受了损伤，并且造成死亡呢？

华佗自己对针灸术是很有研究的。

曾经有过这样一个事情：

一个病人，病得两腿发软，无力行走，坐在车里，前来请华佗给他治疗。

病人被人扶着，两条腿拖在地上，艰难地向华佗看病诊脉的桌子前面走来。还没有落座，他就急切地伸出手来，要请华佗给他号脉。他的手腕处可以看到行针留下的针眼，鼻息中微微带有药味，对华佗，病人露出的是最后的希望。

华佗端详片刻，很有把握地说："你的病情，我已经观察清楚了，不必再看脉象。你曾经到处求医问药，扎针扎得身上满是窟窿眼，吃药吃得看见汤药就恶心，医治无效，却受了不少苦。但愿我能使你既不用受扎针吃药之苦，又能够重新站起来，从我这里自己走出去。"

华佗让病人脱下衣服露出后背来。然后，他以白粉在病人的脊背上画出数十个点来，彼此之间，或者相距一寸，或者相隔五寸，距离和位置各自不同。他告诉病人和陪同者说："我给你们指出了这些穴位，都是治疗的关键所在。在这些地方，用艾草灸，先后灸10根艾条。等到艾灸出的灼伤痊愈，病人就可以自己行走了。"

华佗给他们示范了一次艾灸的方法，对他们说："病人行走很不方便，路上要受很多辛苦，还难免受热受寒，以后你们就不必到我这里来，只要遵照我指点的穴位，我教授的方法，给病人每隔两天灸一次，一个月之后，让病人自己走着前来见我就是了。"

病人见华佗说得这样轻松，这样容易，心中暗暗失望。他想，为了能重新站立起来，自己不惜倾家荡产，什么样的名医，什么样的好药，全都用上了。请华佗看病，自己抱有很大希望，他却连脉象都不用查，连登门求治都免除了，就这么简单地三言两语给打发掉了。看来，不是自己的病把他吓住了，就是华佗徒有虚名。

病人彻底地失望了。他家中的亲属却坚持要按照华佗先生的法子给他治疗。病人治疗是死马当做活马医，忍受着皮肤被艾草熏烤的痛苦，接受了几次灸疗。没有想到，每次艾灸的时候，他都觉得一股热流慢慢地从脊背中生出，然后下行，过去只觉得阴冷畏寒的双腿，开始有了发热的感觉，而且越来越明显。一种力量，也随着这热流，渐渐注入了双腿。他欣喜地下了床，试着扶住桌子，抬腿走路，逐渐可以放开手，双腿完全恢复了行走的功能。

当病人和他的亲属都从惴惴不安的心态中解脱出

来时，他们才发现，华佗先生当时给他们点出的穴位所在，竟然是整整齐齐的沿着脊椎向外各一寸，排列成对称的两行，就像是用尺子或者绳子量着比着画出来的直溜溜的一条线。

这真可以说是出神入化。华佗用药，不用秤来称量，是用心用手就可以掌握分量的。他指点穴位，信手点去，如中绳墨，分毫不爽。

实践出真知，经验如神助。

因此，面对着徐毅的死亡，他开始怀疑古籍中记载的行针穴位是错误的。医书上说，是在距离病人的脊柱各一寸五分的地方选取穴位，结果是针刺胃管误及肝区。那么，像逐渐给病人治病所选取的，沿着脊柱向左右各距一寸取穴，是不是可以避免这种错误再度发生呢？

这个穴位，既然可以用作灸疗的穴位，能不能在这里行针呢？

翻遍了前人传下来的各种医书，华佗都找不到现成的答案。

那么，能不能进行一些试验呢？

正好，时隔不久，又有一个腰膝酸痛、腿部阴冷麻木的病人前来求治。华佗看他的病情比较严重，管事用外部的办法难以奏效，就给他在相应的部位扎针，先针后灸，二者结合，先用针刺激激活和疏通病人的经络，再用灸法渗透病人的筋髓，使病人的身体机能得到相当的刺激和调理，产生对抗疾病的能力。

华佗先生是在病人脊柱向外的一寸远处和一寸五分处，各选一组穴位，接着亲自动手，拿起一根根闪亮的银针，用左手的两个手指把病人的皮肤固定地按住，右手的拇指、食指和中指拈着针柄，轻轻一点，让针尖穿透皮下，手指很有法度地捻针、拔针、插针、提针，用心体会着不同的穴位、不同的深度的不同手感。

本来，华佗在针灸治疗的时候，就特别要求医生和病人的互相配合，他在扎针以前，总是要把进针以后的有关反应先告诉病人，然后，一边行针，一边询问病人的针感，是锐痛还是钝痛，是发痛还是发麻，发酸还是发胀，是停留在行针的局部还是向全身扩散，是不是感到热乎乎的，有一股热流传导开来。现在，在进行有意识的试验的时候，他更是分外留心。

"感觉如何？"

"华佗先生，您的进针，一点儿都不疼。"

"现在呢？我再深一点儿。"

"有一些发麻、发胀。"

……

"腿的上下有感觉了吗？"

"有了，好像一条虫子在嗖嗖地爬开了。"

"有没有出汗？"

"没有出汗，不过，我的脚指头倒有一点抽筋的感觉了。"

从此以后，华佗处处留意，在行针的位置和进针的深度上，既大胆探索，又谨慎从事，一点一点，一步一步，掌握了在病人脊柱两侧进针的尺度和功效，并且把自己的新发现传给了后人。

后人为了纪念他作出的这一贡献，就把他发现的这一组穴位，命名为"华佗夹脊穴"，或者简称为"华佗穴"。

"中国的希波克拉底"

中国人称华佗为神医。

西方的学者则称他为"中国的希波克拉底"，以西方人所熟悉的古代希腊的医学大师比喻华佗在医学史上的地位。美国医学史家拉瓦尔在他的《药学4000年》中写道：

"一些阿拉伯权威提及吸入性麻醉术，这可能是从中国人那里演变出来的。因为，据说中国希波克拉底——华佗，曾经运用这一技术，把一些含有乌头、曼陀罗及其他草药的混合物应用于同一目的。"

希波克拉底，古希腊医生，约公元前460—前377年在世。被尊为西方医学之父。他具有高超的医术，广泛地游历过希腊和小亚细亚，在各地行医和授徒，并且长期在科斯得以科学校任教，在医疗和教学上成绩显赫。现存有总称为《希波克拉底文集》的著作60篇。表达了行医者的崇高使命和职业道德的《希波克拉底誓言》和署名于他的许多著作一样，都被认为并非出自他之手笔，但是，这确切地表达了希波克拉底的至高的医学地位和后人对他的尊敬。时至今日，西方的医学院毕业生都要宣读《希波克拉底誓言》，以表示他们遵守医学界的道德规范，以治病救人为自己的天职。

因此，将华佗比作希波克拉底，是对华佗的医学地位的高度评价。

其实早在魏晋六朝时代，中国的学者就曾经高度地赞扬了华佗——这位放弃了功名利禄，一心治病救人，并且有着精湛医术的伟大的医学家。

在医生的社会地位非常低下的封建时代，能被历史学家收入正史、列传修治的医家，是凤毛麟角，为数极少。但是，在《后汉书》和《三国志》这两部史书里，不约而同地为华佗撰写了传记，叙述了他的治疗病例，全面概括了他的医学成就，这种正史中用相当的篇幅为医生列传的罕见的现象，表明华佗在他的时代和对后人的巨大影响和普遍受到的尊敬程度。

南朝著名的医生陈延之，在他的传世之作《小品方》自序中，把华佗、神农、黄帝及扁鹊并称为从远古到魏晋的4位医圣，并且一一列举他们各自的成就。为了便于读者的阅读，我们把他的这段话，翻译成现代汉语，大致如下：

考察历代互相继承的几位医圣，他们虽然各自有不同的人生轨迹和医学道路，但是他们在治疗疾病和教授医术方面，却是同一源流，遵守共同的规律。所以，神农氏发现了用草木的根茎和矿物质做药材；黄帝发明了用针灸治疗疾病的方法；扁鹊长于治疗内科病症，对人的五脏六腑的疾病有深刻的洞见；华佗则善于进行外科手术，做肠胃的切除；虽然他们的发现和发明各有不同，但是在医病救人的目的上，是完全一致的。

在这里，中外的学者所强调的，一个是华佗发明的麻醉术，另一个是他所能进行的外科手术。其实，这正是一个问题的两个方面：除非有了确实可行的麻醉术，才有可能施行开肠破肚的外科手术；二者相辅相成，缺一不可。

醇酒和"毒酒"

华佗的家乡安徽亳县，是酿造业发达的地区，造酒成为人们重要的谋生手段。只要走出家门，就可以看到，隔不了多远，就有一座座酒坊，连空气里也飘荡着或浓或淡的酒香。

华佗在一日的劳作——殚精竭虑、手脑并用地给病人治疗，或者满山遍野奔波不停地采集草药结束以后，常常要饮一碗米酒，解除一天的疲劳，放松一下紧张的神经。这一天，他又习惯地来到一家酒店，坐下来。店里的伙计知道他的喜好，端出一碗醇香扑鼻的米酒来，恭恭敬敬地说：

"华佗先生，这是今天新过滤出来的鲜酒，请您尝尝新。"

华佗因为今天采到了枝叶肥壮、极为难得的曼陀罗和野山参，心中高兴，就回答说：

"你看这酒店里人满为患，你们的生意越做越红火了。"

"要说呀，这也有先生的功劳呢。"酒店的伙计很机灵地说。

华佗被他说得丈二和尚摸不着头脑，不解地说："你们的生意好，是你们的酒酿得好，客人愿意来，跟我有什么关系？"

"华佗先生，您感情真的忘记了？来酒店的人多，是因为人们的身体健康。今年春天，那一场瘟病，我们的酒店无人光顾，都关门了。还是您医术高明，广施药汤，才使家乡人逃过了大灾大难。没有您春天的治病救人，能有今天的好生意吗？"

"哈哈哈，"华佗开怀大笑，"你这是尽说好听的话，让我多喝两碗酒呀。"

心中得意，酒兴大发，一向谨慎从事的华佗，放开酒量，连喝三碗酒。

旁边的酒桌那里，闹哄哄，一群年轻人在喝酒。有人招呼他，"华先生，你看六指喝醉了，推他喊他都不醒，你有什么高明的办法对付他？"

喝醉酒的青年，因为右手多长了一个指头，大家都叫他六指。

他站起身来，向那边走去。

"先生，你就是现在把他的六指割掉，他也不会觉得疼，照样是醉得一塌糊涂。"另一个小伙子快言快语地说。

说者无心，听者有意。

既然是酿酒之乡，喜好喝酒的人多，醉酒的人就少不了。华佗见过不少人的醉态，自然也见过发酒疯者。他们借酒使性，与人恶斗，打得头破血流，甚至断胳膊断腿，都仿佛不觉疼痛；送到华佗这里治疗，平时难以忍受的痛苦，在酒气醺醺中，也减轻了许多。看来，酒能麻醉人们的感觉。

华佗生活的时代正是东汉末年，战乱频仍的乱世。宦官当政，外戚争权，奸臣乱朝，军阀混战。黄巾农民起义失败，袁绍、曹操、刘备、孙权等各霸一方，争夺天下。华佗行医所在的河南、安徽、江苏一带，是魏、蜀、吴等各种军事力量竞相争夺的战略要地，是南方和北方的结合部和大战场，连年的战争，造成大量的伤亡，许多人在战场上受伤以后，因为得不到技术的治疗，或者没有麻醉剂，无法施行有效的外科手术，纷纷死亡。华佗也曾经进行过无麻醉状态的病体摘除手术，但是，病人往往因为无法忍受手术时的痛苦而死去。

酒店里一句打趣的话，激发了他的灵感。先把病人用酒麻醉，再进行手术，看来是可行的。

于是，华佗开始把用酒麻醉病人的方法运用于一些小的手术，并且认真地观察病人的痛感反应。总的说来，效果是不错的。可是，当时的酿酒术，还只是先用谷物加水，用保温的办法进行发酵，再把发酵后的汁液通过过滤分离出来，就成为酒，而不是后来所发明的先蒸馏后窖藏的白酒。当时的水酒的浓度很低，要用酒将人麻醉到一定深度，并且保持足够做手术尤其是复杂的大手术的时间，非常不容易。

那么，能不能用药物加酒的方法，加深麻醉程度，保证手术的顺利完成呢？

华佗想到了关于战国的著名医生扁鹊的一个传说：

有一次，两个病人同时来找扁鹊看病，而且都说是心口疼。扁鹊逐个对他们进行诊断，得出的结果都是身体失调，失调的原因却又正好相反：一个是心力过旺，身体疲弱，无法协调；一个则是心力太弱，身体反倒很强健，心力不堪重负。于是，扁鹊灵机一动，给他们两个人一种"毒酒"，使两个人都不省人事。扁鹊就乘机给他们两个人把心对换了过来，使他们的心力和身体都互相得到协调。

华佗想，扁鹊的"毒酒"，肯定是在酒里浸泡了什么药材，增加了麻醉程度。虽然，扁鹊的"毒酒"配方没有流传下来，但是，这样的思路却是可以继承的。他研究了几百种药材的药性，反复比较，反复试验，先用狗和羊做试验，再应用到病人身上，最终选定了羊踯躅、茉莉花根、当归、菖蒲4味药材做麻醉方剂，并且把新的麻醉药命名为"麻沸散"（配方据《华佗神方》所载）。它是用酒送服的，酒性和药性很好地配合，能使病人深度麻醉，免除了手术时无法忍受的超人的痛苦，给病人和医生都带来很多方便。

从此，华佗施行外科手术的条件就极大地改善了，一些以前因为过于给病人造成疼痛、使病人无法配合手术进行而被迫放弃的大手术，现在也有了手段。

有了麻沸散以后

有一次，一个患者腹痛得死去活来，求华佗先生给他治疗。

华佗先给他做检查。华佗用手轻轻一按他的腹部，他就情不自禁地叫起疼来，"哎呀，疼死我了！疼死了！先生救我！"

华佗看他的面色，因为痛苦，变得纸一样苍白。从他的呼吸里可以嗅到一种腐臭的气味。病人脸上的胡子和眉毛，也都掉光了。

"你的眉毛和胡子是什么时候掉的？"华佗单刀直入。

"就是最近10余天，掉得一点儿不剩。"病人痛苦地回答。

华佗根据经验判断，病人的脾脏发生病变，而且已经腐烂。

华佗对病人介绍情况说："我感觉你的鼻息，有腐败之味，这是内脏有腐烂的地方。人的五官和人的五脏相应合，须眉脱落，其病在脾。所以说，你这是脾脏腐败，已过其半，再发展下去，就会危及性命。在过去，对付这种病状，只能是用药物治疗，先用药物控制脾脏的腐烂程度，再用针灸去加以调养。用这样的办法治疗，一是死亡率高，药物控制见效慢，病灶腐烂的速度快，前者往往比不过后者，追不上它；二是即使病况有了好转，也难以根除，总是反复无常。时好时坏，病人终身都无法摆脱痛苦。"

病人一听这话，心里充满绝望："华先生，要是一辈子都得忍受这种痛苦，我宁愿干脆死了算了！只求你是死是活，给我个痛快的结果。"说着说着，眼泪忍不住流下来。

华佗急忙安慰他说："你不要太性急。现在好了，有了麻沸散，开刀切除腐烂部位变得切实可行。当然，做手术也有一定的风险，不过，只要咱们相互信任，很好配合，我一定能治好你的病。"

病人转忧为喜，"华佗先生，你尽管放心，你就是给我治坏了，我也不能怨你。那是我命里注定。你给我治好了。那我就白捡一条命。"

病人很痛快地接受手术治疗。他用一杯酒就把麻沸散送到肚子里，很快就沉沉睡去，什么感觉都没有了。

华佗把病人的腹壁用快刀划开，一看，果然如他所诊断的那样，病人的脾脏已经变得腐臭难闻，化脓发黑，腹腔中积着脓汁。华佗先用在火炉里烧红的铜条把病人的血管切口烧灼止血，把脓液排出腹腔，又把已经腐烂的脾脏部分切除。手术做完了，依次把病人腹腔切口缝合起来，再在创口上涂上华佗自己配制的愈合伤口的外敷药膏。

等病人醒来，手术已经做完。看着自己被切除的腐烂的脾脏，病人忍受着腹部的疼痛，感激地对华佗说："华先生，您的手术，真是高明，我只觉得睡了一个时辰，手术就做完了。虽然伤口还在疼，比我在接受手术以前感觉好多了。"

说完，他昏昏沉沉地又睡着了。

他哪里知道，华佗给他做手术，付出的何止是时间，还有心血，还有思考，还有多少年积累起来的经验和甘愿冒一定风险的勇气。若是病人死在手术台上，最低程度的惩罚，也是锒铛入狱，忍受苦刑啊！

华佗的外科手术，名重一时。史书记载，他用麻沸散给病人施行麻醉，然后做手术，他可以在病人的腹部或者背部开刀，切除病患所在；若是病在肠胃，他可以截断肠体，或者用药液洗涤病痛的部位，除去秽腐之处，然后用药针缝合伤口，敷上具有奇效的药膏，四、五天伤口就可以愈合，一个月内，病症会全部消失。

华佗的外科手术，臻于化镜，但是，他却并不像通常人们所设想的那样，很轻易地给病人做手术。

有一天，一个病人从几百里地以外赶来，恳求华佗说："华佗先生，我听说您的麻沸散和开腹术，都是天下一绝。我特地从家中赶来，就是想请您给我治病。我从几年以前，就得了一种说不出名目的病，每天吃过饭以后，都会感到腹部疼痛，约有三炷香的工夫，才渐渐平复。一日三餐，餐餐如此。本来我是出门在外做生意的，得了这种病，很难出门，更无法去挣钱。无论如何，请你给我治好病，让我再次出去经商吧。"

华佗看他衣着华丽，却形容枯槁，就问他："先生是做什么生意的？"

病人回答说："我是黄山脚下屯溪人。只因为我们那一带，山林丰茂，盛产青竹。近年以来，我们那里的人，都学会了用碾碎的竹叶竹皮造纸，造出的纸又白又韧。我因为身体不是很好，干不了力气活，从小就跟着乡人在江南江北给商贩运纸张。风尘仆仆，到处奔波，几十年下来，钱是赚了些，身体却是一日不如一日。饮食不调，腹部疼痛，真是难以忍受啊！"

华佗细致地给他做了病症检查，发现他的病在胃肠的结合处。外出经商之人，常年奔走在旅途上，风餐露宿，积劳成疾。常年饮食不周，使他的肠胃出了毛病，发生溃疡。华佗测他的脉象，觉得他的腹部病变已经影响了他的全身调谐，脉搏有紊乱之象。即使给他做了手术，切除了病患所在，也难以从根本上改变他的健康状况。不同的病症，有着不同的治疗方法。外科手术，主要是适用于急性病发作，一把明快的刀剪解决迫切的致命的疾病。这个病人的病，却是属于那种"三分吃药七分调养"的类型，做手术能满足病人的心理要求，但是，却未必是最佳的治疗方案。因此，华佗就对病人说：

"你的病，是多年积累而成，出门在外，长途奔走，不注意饮食，所以伤了肠胃，发生病变。而且，人的全身，是一个整体，肠胃之气太弱，进食吸收不好，营养不佳，长期亏损，不是长寿之人。你来求我医治，我能够用麻沸散和开腹术，把你的肠胃相接之处切除，再重新连接好。但是，我看你，元气长久不足，已经不是靠医药能从根本上加以改善的。我想，从你的衣着来看，你不是十分困窘的，而是小有家资。我觉得，与其给你开一刀，忍受种种痛苦，不如用保守的办法，给你用药物调养治疗，减轻病痛。你的寿命，大概只有10年了，在此期间，你的肠胃病尚且不足以危及你的生命。只要精心调养，你不用做手术，也能减少痛苦。"

华佗是在为病人着想，不过，假如你是病人的话，恐怕也不会接受这种劝告。10年以后的事情，谁能说得准？还是解决眼下的问题为好。于是，病人坚持要求华佗给他动手术。他一再向华佗倾诉他无法忍受的病痛，还怀疑起华佗是否有意推托，怀疑华佗是否真的像人们传说的那样，是做腹部手术的圣手。

为了解除病人肉体上和精神上苦恼，华佗只好同意病人的要求，给他开刀破腹。打开腹腔，果然如华佗所言，肠胃相连接的地方，受到损伤，发生溃疡，发炎化脓。华佗及时给他做了处理，病人的症状马上就消失了。

病人高高兴兴地回家去了。他对人们大讲华佗给他治疗的过程，还说："华佗先生的腹部切开术做得真是好，用了麻沸散，几乎不觉得疼。可先生就是太保守，明明我的病，只要开刀，就能治好，他却不愿意给我开刀，还说，我反正只能活10年了，做不做手术，都于寿命无关。"于是，人们都记住了这句话。

病人自以为身体恢复得很好，又像无病之人一样了，无所顾忌，为所欲为，结果，10年后，他果然去世了。

心病还需心病医

给病人治病，既是生理的过程，也有心理的因素。

像上面这个故事，就含寓了华佗对病人心态的窥视。

华佗想的是，有慢性病的人，只要这病不致命，未必要大动刀剪——麻沸散的麻醉效果再好，腹部手术再有把握，对于人的身体，还是会有损伤的。而且，那个贩运纸张的病人，一个心眼去赚钱，很难说，不会事与愿违，适得其反，加速他的短命。人们都把病痛看得严重万分，有了病，总是急于求成，务必根除。其实，人体的生命力，是非常强盛的，本身有相当的补偿修复机制。即使有一些病痛，只要加以正确对待，也可以长寿。

病痛在身，会时时提醒人们注意身体，照顾自己，坏事也能变成好事。当然，它的前提是医生对该病的正确判断，认定它不会造成大的危害。俗话说，破瓦罐陪了囫囵的；就是说，有了裂纹的瓦罐，人们用起来会更加留心，仔细着不让它再次受到损坏，反倒容易用得时间长；那些没有毛病的好瓦罐，人们容易忘记它们的易碎性，磕碰一次，也许就彻底报销了。

证明华佗对医学心理学的深刻理解和应用的，是下面这个故事：

华佗遇到一个病人，是一位郡守（负责一个郡州民政的地方官员）。

郡守请华佗给他诊脉察病。华佗的手指搭在病人的手腕上，屏声积虑地体会着对病人各经脉的不同的感觉。他觉得，病人的心胸烦懑，血脉阻塞，郁积胸腹，形成淤血。

应该如何给他治疗呢？

华佗根据自己的诊断，陷入沉思。

　　最简单的办法是给他做胸腹手术，把积血排出体外。

　　但是，切开胸腹，病人要忍受相当的痛苦；更重要的是，病人的症状不只是生理性的，而且有着心理的原因；很可能，后者是更重要的致病因素。做手术，并不能从根本上解决问题。只要心理的负担不除，即使是做了手术，也可能再次复发。

　　他向郡守说："你有什么不愉快的事情积压在心里呢？"

　　郡守长叹一声："我这个郡守，实在难当。现在处于乱世，我治理的地盘上很不太平，各路军队南征北战，都要从我这里路过，强行索取粮草。只要有一点不如意，他们就暴跳如雷，要打要杀。人家是刀把子握在手里，我只有忍气吞声，低三下四。可是，这里的地面有限，出产有限，哪里能满足那些带兵打仗的人需要？"说着，他指着门前的一棵大槐树上新砍的刀痕说："华佗先生你看，他们为了威胁我，故意把郡守府里的古槐都砍成这种惨状。我是敢怒而不敢言呀。"

　　明白了病人病症的原因，结合他的病况，华佗设计出对症下药的治疗方法。

他一再暗示说，郡守的病非常严重，非常难治，需要动大手术。可是，他却又迟迟不作任何准备工作。

郡守以为华佗是乘机索要钱物，借治病生财。为了治病，他只好忍受华佗的慢待，派他的儿子去给华佗送去黄金和白银。

见华佗毫无愧色地收下金银物品，郡守的儿子无法理解。他质问说："华佗先生，人家都说你是一心为病人治疗，不计较钱财，怎么你也这么贪婪呢？"

华佗不理睬他，只是让他带话给郡守，就说华佗感谢郡守的礼物。

但是，华佗还是不谈给郡守做手术的事情。

郡守的儿子又一次带着重礼来拜访华佗。

华佗问他："这次送礼物，郡守的表情怎样？"

郡守的儿子毫不客气地说："这一次，我的父亲是强忍着愤怒，给你准备礼物的。"

华佗听了呵呵发笑："病得这么重，还舍不得钱财这类身外之物。你回去告诉他，生命比金钱重要啊！"

无可奈何，郡守把家中最后的积蓄也拿出来。他想，华佗这次该满意了吧。

这一次，华佗终于对郡守的儿子讲出了真情：
"我看，你父亲的愤怒，要到了顶点。他的病，由于愤懑压抑过重而生，血脉不畅，积了很多淤血在腹中。要治他的病，只能让他大大地发一次火，强烈地发作一次，在怒火万丈的时候，把积血从腹中呕出来。这样，才能治他的病，否则，他就有生命的危险。因此，我才不断地用索要钱财的方式激怒他，让他越来越生气，直到他再也无法忍受，大吵大闹，怒气冲天。你要很好地配合我，在他的面前，使劲地说我的坏话，说我贪得无厌，一味索取。"

郡守的儿子听罢这一番话，恍然大悟。他向华佗深深地施礼说："何止我父亲，连我都一直不解先生的用意，对先生产生了误会。只要能治好父亲的病，我一定听从先生的教导。"

经过一番商量，郡守的儿子又特意告诉华佗郡守平日所做的违背情理的许多错事。华佗把这些事情都写在一封信里，强烈地指责郡守的错误，用语言的鞭子鞭打他。华佗把信留在自己的住所，连夜溜掉了。

郡守的儿子在父亲面前添油加醋，使郡守对华佗的愤怒达到了极点。郡守大怒，派出手下人，去把华佗抓来。结果，华佗没有抓住，只带回来一封华佗留给郡守的信。

郡守急忙把华佗的信打开，念了起来：

郡守大人：

华佗之所以索要钱财，连夜遁逃，皆是因为，你只为自己的性命着想，又视钱如命。我要看一看，在你心中，到底是生命要紧还是钱财要紧，你愿意拿出多少钱来买一条命。

你只想保你的性命，你可记得，因为你的昏庸无能，把一桩奸情杀人案判错了，险些一下错杀了两个无辜之人？

你只顾逢迎来往的各路将军，恨他们一味索取，盘剥无度，却又敢怒而不敢言，抑郁致病，可曾想到，你在老百姓眼中，也和他们一样，不顾民众死活，积怨甚多？

……

郡守本来以为，用钱财打动华佗，力气也使得差不多了，华佗该给他治疗了。没有想到，华佗不辞而别，还留下这样的信戏弄自己。被华佗这样劈头盖脸地一番斥骂，他勃然大怒，火气冲天：

"说你是神医，原来是骗子！我病得死去活来，你拿我开心！说我贪财，你比我还心黑！我好不容易积存下来一点钱财，也被你榨取得差不多了，你还贼喊捉贼地教训我！我差一点屈杀人命，后来，不也是我微服私访，查出真凶，平反冤狱吗？你这样不察事理，信口开河，算个什么东西？"尽管华佗不在面前，他还是无法克制自己，暴跳如雷："来人，把华佗坐过的椅子给我拿出去劈了，当柴烧，把他用过的茶杯酒碗砸了扔了！赶快派人去追他，把他逮回来，痛加惩罚！"

一阵大吵大闹，华佗先生不曾听见，郡守自己却越说越气愤，一向文静自持的人，失去了自控，发作起来，不可开交。

忽然，正在高声怒骂的他，一下子语塞了，只见他呼哧呼哧地喘不上气来，憋得脸发紫手发麻，一张口，"哇哇"地吐起来，吐出来的都是血！

郡守心知大事不好。请华佗来治病，谁知道请了个催命鬼！

好不容易停止了吐血，郡守被衙役们扶回家中休息。病体难支，又刚刚发作一番，喝了几口水，就昏昏睡去。

一觉醒来，已经是第二天的中午。

郡守定了定神，竟然感觉到身体状况似乎好多了，横亘在腹部的那一团东西，平常总是使得他的气血要上上不来，要下下不去，把人截断成两截，而且发寒发胀，现在，却悄然消失。郡守心想，自己的暂时好转，是不是到了回光返照的程度？要安排后事了？

他急忙把儿子找来，向儿子交代自己死后的一些事情如何处理。

不料，他的儿子不听他的吩咐，却打断他，把先前送给华佗的礼物一一摆在面前，一双玉璧，一对金簪，一匹彩锦，一把银壶……一样不缺。

郡守高兴地说：“到底把华佗抓回来了？”

儿子却说，这些东西都是华佗请他收回的。而且，还有一封信给郡守。

想到前一次的信，是无端受辱，郡守有些踌躇。

这一回的信还看吗？

他想了又想，到底按捺不住好奇心，华佗百般索取的财物，怎么会轻而易举地退了回来？他做好了再次挨骂的心理准备，拿出华佗的信：

"郡守大人：华佗向您请罪。"

看了第一句话，他就糊涂了。

"察你的病症，是因为腹中淤血所致。郡守乃性格内向之人，不如意事常八九，又不善于及时宣泄排除，而一一积压在心中，抑郁成疾，岂有不得病之理？常言说，心病还须心病医，郡守所积久成灾的愤懑，如一湾死水，无处可流，故作祟腹中，为害非浅。必须找到或者打开一个缺口，将其导流出来，才能实现心情的调谐，自我平衡；淤血呕出，方不会再度淤积。故此，一再辱漫郡守，为求得郡守一怒冲天而已。今闻郡守已经如我所愿，淤积的怨气和陈血都发泄出来，身体恢复，指日可望。可喜可贺。因此，重写一信，说明原因。华佗四方行医，不以钱物为重，原物送还，以表诚心。还有药方一张送上，你可照此服药，连服三月，即可完全康复……"

罗贯中笔下的是是非非

　　明代的大作家罗贯中所写的《三国演义》，一经问世，就不胫而走，流传了数百年，至今仍然受到人们的喜爱。关羽、刘备、曹操、诸葛亮、周瑜等等，都是人们所熟悉的名字。

　　前面说过，因为华佗的时代影响，一向把行医视为贱业的正统史学家，破例地给华佗以重要的评价。同样地，在号称是"七实三虚"的《三国演义》中，华佗也是不可或缺的。在群雄割据，逐鹿中原的时候，一个仙风道骨、倜傥脱俗的华佗，在重要的场合，出没于书中，给读者留下了深刻印象。

华佗出现在罗贯中笔下，首先是因为他出神入化的医术，而华佗的为人道德，也是重要的一个方面。

华佗在作品中一共出现了四次，三次是直接露面，还有一处是他人口中说出来的。

与曹魏、蜀汉三足鼎立的东吴，在孙策为主帅的时候，打过一次大仗。他的部下周泰是一员勇将，在战场上鏖战，拼上自己的性命，在敌人的包围中，杀开一条血路，救出了孙策的弟弟孙权，身上受了12处伤，生命万分危险。

孙策问询，非常着急。另一位部下向他推荐华佗，"当年我在与海寇作战的时候，身受重伤，是一个贤者举荐了一名出色的医生，给我治好了枪伤。"孙策命人先去聘请贤者在他手下为官，又征询他关于那位医生的情况。贤者说："我推荐的是当世神医，姓华名佗字元化，是沛国谯人。"

于是，华佗被请了来。孙策一看，此人童颜鹤发，飘然超逸，有出世之风。孙策心中顿生敬意，以上宾的礼节厚待他。

华佗察看了周泰的伤口，对孙策说："请您放心。医治这样的伤口，并不是什么难事。我可以保证，不出一月，就可以痊愈，能重新上阵杀敌。"

果然，周泰在华佗的治疗下，很快地复原了。后来，孙策自己遭受埋伏，中箭受伤，想到要请华佗治伤，不料，华佗到中原行医，不在江南。只请到华佗的徒弟给他治疗。后来，因为种种原因，终于不治而亡。

再后来，蜀汉的大将，镇守荆州城的关羽，与曹军作战，在战场上中了一箭。回到军帐休养，箭伤却无法治疗，不曾愈合。两军对阵之际，出现这等情况，全军上下都很担忧。

忽然，有人架一叶小舟，悠然而至，直到军前，头戴方巾，身穿阔大的衣服，胳膊上挽着一个蓝色的布包袱，自报家门说："我是沛国谯郡人氏，行医的华佗。因为听说当今的大英雄关将军中了毒箭，特地前来给将军治疗。"

接待他的人，正好是关羽的义子关平。一听华佗的大名，喜出望外。关平问道："不就是给当年周泰治伤的华佗先生吗？快请进来，我们正为关将军担心呢。这下可好了，神医一到，将军的箭伤，一定能好。"

于是，关平陪同华佗，急忙来见关羽。关羽因为箭伤难忍，又不肯流露出来，害怕扰乱军心，这时候正在与副将马良下棋，一边消遣，一边以自己的镇静安定全军。听说华佗远道而来，就请他进来，以礼相见。

这里应该插一句。中国古代的小说，往往都有点评。《三国演义》的出名，固然是罗贯中写得好，同时，也与开中国古典小说评点之先河的金圣叹有重要关系。

在作品写到华佗前来给关羽治伤的段落，金圣叹评论说：华佗给周泰治疗，是一请便到。给关羽治疗，是不请自来。为此，还发了一通感慨，"古之名医，志在济人利物。绝不似今之名医，善于拿人，巧于图利；几番邀请，方才入门；先讲谢仪，然后开手也。能慕忠臣者，即是忠臣；能救义士者，即是义士。"他对华佗的称赞，可以说是有着相当的高度。

华佗请关羽脱去衣袖，露出上臂。华佗检查了伤口，说，这箭伤本不难治，但是这箭头上涂了毒，已经直透入骨，若不及早治疗，此臂就会残废。

　　关羽一听，也无法保持外表的镇定，他立刻问道："先生有什么高明的办法能给我治疗？"

　　"我既然远道而来，毛遂自荐，就有回天之术。不过，恐怕将军会害怕。"华佗从容回答。

　　关羽笑了，"我久经战场，早已是置生死于度外，有什么能使我害怕的？"

　　华佗说："我的治疗办法是要求耐力的。先要立一根木柱，上面钉上大铁环。请将军把胳膊穿过铁环，用绳子固定起来。然后，用布把将军的双目蒙起来，以免你看到做手术的情况而害怕。我用一把尖刀，割开伤口处的皮肉，直到骨头露出来；我用刀子刮去骨上的箭毒，敷上药粉，用线缝合伤口。这样，就能保证将军的胳膊平安无事。就怕将军难以忍受。"

　　关羽放声大笑，"如此容易的事情，哪里要什么木柱铁环？请华佗先生不要管我如何如何，只照应该的样子做就是了。"

关羽命人摆下酒宴，招待华佗。喝了几杯以后，关羽一面与马良继续下棋，还频频举杯；一面就请华佗给他做手术，"我是天下的大英雄，哪能像凡夫俗子一样，怕疼痛怕受苦。"

华佗按照他的吩咐，用尖刀切开皮肉，给他刮骨疗毒，把骨头刮得悉悉有声。血都流满了一盆。军帐里上上下下，在场的人，都掩面失色。关羽自己饮酒食肉，谈笑弈棋，神色自如，毫无痛苦之状。华佗给关羽刮骨，敷药，缝合，一一操作完毕。

关羽大笑而起，对众将领说："我的这只胳膊，现在伸展自如，和以前一样了。华佗先生真是名不虚传的神医。"

华佗也钦佩地对关羽说："我行医一生，见到的病人无数，却从未见过将军这样的人。将军真是天神啊！"

关羽要以一百两黄金酬谢华佗，华佗坚决不取，"我知道将军义薄云天，世人敬仰，是慕将军大名而来，哪里是为金钱？"

为此，罗贯中在作品赋诗称赞说：

治病须分内外科，

世间妙艺苦无多。

神威罕及惟关将，

圣手能医说华佗。

三国时代，魏、蜀、吴争夺天下。很凑巧，华佗和这三支力量都发生了联系。不知是历史的巧合，还是作家的匠心。

但是，如果说，华佗同东吴和蜀汉的关系是互相尊敬，互相合作，那么，他与曹操的对抗和猜忌，则导致了他的生命悲剧。

作家是这样写的：曹操因为建造宫殿，砍伐树木，得罪了树神，遭到惩罚，头痛不已。手下有人向他推荐华佗的医术，一一介绍了华佗神技以后，又说：

"……此人，真扁鹊仓公之流也。见居金城，离此不远。大王何不召之？"

操即差人星夜请华佗入内，令诊脉视疾。

佗曰："大王头脑疼痛，因患风而起，病根在脑袋中，风涎不能出，枉服汤药，不可治疗。某有一法，先饮麻沸散，然后得用利斧砍开脑袋，取出风涎，方可除根。"

操大怒曰："汝要杀孤耶？"

佗曰："大王曾闻，关公中毒箭，伤其右臂，某刮骨疗毒，关公略不惧色。今大王小可之疾，何多疑焉？"

操曰："臂痛可刮，脑袋安可砍开？汝必与关公情热，乘此机会欲报仇耳。"呼左右拿下狱中，拷问其情。

贾诩谏曰："似此良医，世罕其匹，未可废也。"

操叱曰："此人欲乘机害我，正与吉平无异。"急令追拷。

这样，华佗没有能够给曹操治好头痛，反而被曹操所怀疑，并且被其所害，死于狱中。

华佗在被杀害之前，把自己的医书送给一位看管监狱的狱卒。狱卒把书带回家中，却被他的妻子给烧掉了。她想，华佗就是因为这些医书，最终送了性命，自己的丈夫因为喜欢医学而接受华佗遗书，岂非自讨苦吃？狱卒从外边回到家中，看到妻子烧书，急忙从火中抢出几页纸，已是华佗著作的最后部分，是关于家禽家畜的疾病治疗，有关给人治病的方法，却没有保留下来。

救人者与杀人者

　　生活于元末明初的罗贯中，由于在异族统治之下备受欺凌，所以产生强烈的民族情绪，希望恢复汉族人做皇帝，使儒家的仁义道德民本思想得到重新倡扬的局面。在《三国演义》里，他的这种情感就化为扬刘抑曹的倾向，赞扬爱护百姓、看重兄弟情谊的刘备，对曹操却不遗余力地渲染他的阴险狡诈。

　　不过，如同他是根据陈寿的《三国志》和大量的民间艺人的讲史故事创造他的宏伟巨著一样，有关华佗的故事，他也是在史料的基础上进行艺术加工的。

华佗给关羽刮骨疗毒，在《襄阳府志》中有记载，非常简略："华佗洞晓医方，年百余岁，貌有壮容。关羽镇襄阳，与曹仁相拒，中流矢，矢镞入骨，佗为之刮骨去毒。"依照常理推论，华佗为关羽治伤，是不会忘记使用麻沸散的。罗贯中也明知麻沸散的存在，但是，他为了刻画烘托关羽的正气凛然，意志超群，故意忽略了它，让华佗不用麻沸散就给关羽开刀刮骨。而且，从学富五车的金圣叹起始，就欣然接受了这个并不难指正的"错误"，后来的读者，更对关羽的从容气度称赞不已。这大约就是艺术创造和历史记录的不同吧。

华佗与曹操的关系，以及华佗之死，原史料记述较详，不过没有罗贯中处理的那样富有戏剧性：

华佗身怀绝技，四方行医，但是，他的心中却不以行医为然——自己本是个读书人，应该在仕途和治理天下方面施展自己的才能才是正路；如今只能以医学见长，心中常有悔恨（前面说过，有过两次应邀出去做官的机会，都被华佗谢绝；此处又说华佗为仕途苦恼，不知是《后汉书》和《三国志》的作者都没有察觉这种自相矛盾，还是为下文的得罪于曹操做铺垫）。

曹操因为听说了华佗的精湛医术，把他召到身边，作为他个人的医生。曹操每每头痛所苦，每次发作，心乱目眩，华佗便给他扎针治疗，一进针，病状马上就解除了。曹操当然希望华佗能一劳永逸地根除病症，华佗回答说："这病是慢性病，难以一下子治好，需要长期治疗，才能延长寿命。"

在曹操的身边符了一段时间，华佗不愿意继续被曹操所控制，又思念家人，就对曹操说："我刚刚得到一封家中来信，有些事情，我要回去处理一下。"

回家以后，他如脱笼之鸟，不思归返，屡次致信曹操说，家中妻子生病，要求延长在家中的假期。曹操几次去信催他，还派当地的官员去督促他；他厌恶专门为一个权势在握的人服务，更不愿终身充当宫廷侍从的角色，就有意拖延，不肯上路。曹操大怒，派人去核实情况；若是华佗的妻子的确有病，就赐给他四百斗小豆，作为养病之资，允许他继续留在家中；若是他有意欺骗曹操，就把他抓回来。

结果，华佗被抓捕，关进了监狱，备受拷问的折磨。

曹操的一个谋士劝告曹操说："华佗虽然有欺骗之罪，但是，他对医学确实是非常精通的；要置他于死地，很不妥当，应该宽恕他。"

这番话，无疑是很有道理的。曹操却听不进去。他的性格残暴，容不得别人冒犯，一旦他发了火，就无法扭转。曹操轻蔑地说："你把华佗说得太重要了，像华佗这样的鼠辈，天下多得是，何必为他担忧？"

于是，华佗在狱中被拷打致死。

一代名医，在暴戾的统治者的摧残下含恨而亡。

华佗在临死的时候，拿出一卷精心写成、常带身边的医书，对狱吏说："我的医学心得，都在这里。它讲的都是救人活命的方法。我要死了，留它无益，我愿意把它送给你。"

不料，狱吏害怕因为此书受到连累，不敢接受。华佗明白，曹操的严刑峻法，非常残酷，自己就是深受其害。人们畏惧他，避祸犹恐不及，哪里敢再做什么惹祸上身之事？华佗不再勉强，长叹一声，向狱吏要了火来，把自己多年的心血付之一炬。

华佗死后，曹操的头痛依然如故。可恨曹操，不思反悔，反而说什么："华佗本来是能治好我的病的。可华佗是个小人，他故意拖延我的病，想让我长期有求于他，要挟我，提高他的地位。我就是不杀他，他也不会给我根除头痛病的。"这种明明是杀害无辜，却又在被害人死后继续泼污水，为自己无理强三分地做辩护的嘴脸，形象地表现出什么叫做"强权就是真理"的流氓逻辑。

也许，即使是对曹操的历史地位给予充分评价的陈寿，《三国志》的作者，在华佗之死的事件上，也不能完全替曹操说话。于是，在曹操说过这番强词夺理的话以后，他又记述了一件事情：后来，曹操的爱子仓舒得了重病，气息奄奄，曹操这才感叹说："我后悔不该杀了华佗，如今，仓舒病危，却无人能救，我等于是自作自受啊！"

不只是仓舒，还有一个叫李成的小军官，也因为华佗之死而受累。当年，李成一天到晚咳嗽不止，白天夜晚都无法入睡，还经常吐血吐脓，痛苦不堪。

他去向华佗求治。华佗对他说："你的病是肠臃，咳嗽所吐的血和脓，不是来自肺部，而是来自肠。我给你药散二钱，你服药后，会大吐一次，吐脓血约有二升。然后，你要精心调养，一个月可以见到效果；你要小心在意，继续保养，一年就可以复原。但是，这病不容易除根，18年以后，它还会复发一次，病情不重，只要你再服一次药，便会好。不过，要是没有药在身边，就会致命。"华佗把两份药粉都交给了李成。

过了几年时间，李成的身体已经恢复了。他的亲友中却有人得了同样的病。他对李成说："你现在的身体这样健康，我却病得要死，你为什么不把你留待将来用的药粉先给我服用，救救急？你先把药借给我，等我病好了，我再去向华佗给你讨一服来。"

李成看病人的病情实在是不容拖延，就把自己保存的药拿了出来。后来，李成又到华佗的家乡谯地去，正遇到华佗被曹操派来的爪牙逮捕，事情紧急，李成不忍在如此的情况下再麻烦华佗，空手而归。18年以后，李成的病果然再次发作，因为没有药粉，李成痛苦地死去。

桃李芬芳，精神长传

以治病救人为己任的华佗，悲惨地死在曹操的淫威之下。

他的一卷医书，也在监狱里，在临终前，化为灰烬。

在漫长的多灾多难的中国历史上，许多的精英人物，死于非命；许多的创造发明，被狂涛恶浪所淹没；许多的星群，尚未完全升上苍穹，就悄然坠落。

华佗的命运，似乎也是如此。

人，死了；

书，烧了；

时至今日，连闻名天下的麻沸散的配方，都无法准确地断定。

而且，自从华佗死后，中国医学中的外科学，就一蹶不振，再也没有恢复起来。

……

不过，精神是杀不死的。

中国古代的哲学家庄子，把知识的传递形象地比作火焰的燃烧。他说，火焰在燃烧中，不停地加着柴草，也不停地把柴草化作灰烬；但是，在人们的心目中，只看到熊熊燃烧的火光，不会留意灰烬的产生。知识和智慧也是这样，在一代又一代人的传承之中发扬光大，人的生命都化为这知识和智慧的载体，柴草烧完了，火焰却传了下去。

屈原投入了汨罗江的滚滚波涛，他的《九歌》和《离骚》却感动了千千万万的后来人。

布鲁诺走上了火性柱，但是，他的声音，却至今仍然在人们的耳边回响："地球仍然在转动！"

不幸之中的万幸，华佗在行医的时候，带了几个学生，他们是广陵人吴普，彭城人樊阿，长安人李当之。这几个学生，后来都成为名医，把华佗的医学成果发扬光大。

查中国医学史，能够像华佗这样，成为一代良医，已经相当不易；能够带出一批弟子，使他们个个成名，都在正史留下印痕，就更是罕见了。

在中国人语言习惯里，老师培养学生，被喻为种植桃树李树；学生学有所成，则称作桃李芬芳。

吴普从老师那里学得最拿手的是药物治疗。他按照华佗的方法给人看病，大多能够药到病除。

吴普作为华佗的首席弟子，对于华佗的死，一直耿耿于怀。他对李当之说："华佗先生屈死狱中，我们作为他的学生，没有把他从监狱里救出来，已经非常惭愧了。由于外科手术的难度非常大，我们几个都没有把它学到手。而且，先生的医学著作，有的在监狱里烧了，有的失散在民间。要是我们不能够把我们所知道的先生的学问传续下去，把先生被毁弃的著作续写出来，我们还有何资格说自己是先生的弟子？"

李当之很有同感，他说："我也一直在思考这个问题。悼念先生最好的办法，是将先生的医学成果继承下来，流传后世。我看这样好不好，我们两个分头写作，每个人写一部书，讲先生的传授，讲自己的心得。这样，有两部医书同时出现，即使其中的一个人或者一部书被什么意外毁掉，另一个人和另一部著作仍然能够流出。"

吴普和李当之，都精通于中医的药物学，他们把华佗传授给他们的关于中草药的知识，和自己的亲身实践结合起来，每个人都写了一部药学著作：《吴普本草》和《李当之本草经》。

樊阿对于华佗的针灸术，在继承之中，又有所发现和创造。

在通行的医学书籍中，对于行针的穴位，都有明确的位置和进针的深度。在讲到在人的后背和前胸行针的时候，都说这里是人的要害部位，必须慎重行事。在这些地方用针，不能超过四分，否则会产生危险。

樊阿在给病人治疗的时候，却发现，按照书上所写的规定进针，效果并不理想，尤其是一些疑难病症，针灸前后的反应没有太大的区别。

那么，能不能对这些规定做一些改变呢？

樊阿反复思考，犹豫再三。

促使他做出新的决定的，一是他想到自己的老师华佗。

华佗当年因为徐毅被误诊致死而受到启发，改变了进针的部位，发现了"华佗夹脊穴"，为病人的治疗，开创了新的条件。

自己作为华佗的弟子，有没有老师的为给病人治病大胆探索的勇气呢？

促使他下定决心的另一原因，是他碰到了这样一个病人：一个老头，咳嗽气短，喘气跟拉风箱似地，呼哧呼哧，上气不接下气，什么东西卡在嗓子眼里，上也上不去，下也下不来，直要把人噎死，让看到他的人都为他担心，要是哪一口气上不来，还不一下子要了命。病人来找樊阿，是因为听说他是华佗的学生，对他寄予了很大希望。

正是数九寒天，西北风刮得很凶，像狼一样往人身上扑，像蛇一样往人鼻子里钻，正常人都被呛得透不过气来，何况这位病人呢？病人一边喘气，一边对樊阿说："您能不能……给我个痛快……要么……

给我治好，要么……让我快点死去？现在这样子，死也一下子死不了……活，又活不下去，多活一天，多……受一天罪呀！"

病人的痛苦，就是医生的痛苦；看着病人的欲活不能、欲死不忍的模样，樊阿也深感同情。那么，能不能冒一次险，像病人所言，要么起死回生，要么就帮助老人少受些痛苦，提前结束生命呢？

经过紧张的思索，樊阿拿定主意。他在病人胸前贴近心和肺的交错地带，人们认为是"死穴"的一处经络纵横交会点上，选取了穴位，给老人扎了一针。而且，进针超过一寸深，比一般规定的深度深了一半还多。

意想不到地的是新的针法得到相当的效果，老人在咳出了大量的脓痰以后，病状缓解了许多。

从此，樊阿细心探讨，认真实践，掌握了许多前人没有提到、或者明确禁止的穴位进针深度。在人的背部和胸前，过去只能进针四分的说法，现在樊阿进针超过了旧规定的2到5倍，即达到了一至二寸；在巨阙和胸藏等处，他用的针几乎有一根筷子那么长，进针深到五六寸，都得到很好的疗效。

"五禽戏"和"漆叶青黏散"

吴普和樊阿，还分别继承了华佗关于保健医学的创造成果。

这就是"五禽戏"和"漆叶青黏散"。

生活在今天的人们，对于运动健身，对于保健食品，都表现出很高的兴趣。用积极的方式，提高身体的健康水平，提高生命的质量，成为一种社会潮流。

其实，早在华佗的医学贡献中，就有着这一方面的内容。只是因为，华佗对中国和世界的医学发展所作出的成绩，似乎数不胜数，我们一直来不及讲述他的运动养生理论和他所创制的保健药方。所以，在这里还要再补充一些情况。

华佗的身体状况一直是很好的。风尘仆仆地奔波于四方，到处行医，没有一个好的身体，是无法做到的。给病人做切开腹腔、切除脏器等大手术，没有好的体力，也是坚持不下来的。再说，作为一名医生，若自己就是病病歪歪的，谁还会相信你的医术高明，你连自己都自顾不暇，如同泥菩萨过河，自身难保，哪里还有余力顾及他人？

而且，华佗的寿命很长。一个人，一生做了那么多的事情：读当时文人所必读的诸种著作，并且学业有成，精通了数种经书；研究医学书籍，学习中草药；发明麻沸散，摸索出进行大型外科手术的经验；游历四方，既是为了给各地的病人看病，也对各地出产的药材进行实地考察；带出一批各有所长的学生；撰写总结行医经验的医学专著……不要说在当时很不发达的各种条件下，完成这些事情，需要多少精力，即使是在迈向现代化的今天，实现这些目标，也并非常人轻易能做到的。史书记载，华佗活到90岁以上，仍然身体状况非常好，并没有老态龙钟的表现；就是打个折扣，说他活到70岁，在那个时代，也是高龄。因此，他在养生术上，必有过人之处。

吴普的身体较弱。因此从小就受过许多病痛之苦，同时又因为生病多，与医生和药物打的交道多，慢慢地对医学产生了兴趣。他投身于华佗门下，寻求治病疗疾、强身健体之道，既是出于爱好，也有改善自己的体质的要求。

吴普在跟随华佗学医的初期，就非常奇怪，每天早上，华佗都早早起身，常常是乘着露水未干，就出去采集草药；到了晚上，四周一片静寂，灯光之下，华佗仍然忙个不停，举着草药与图谱相对照，伏在案几上挥毫写作，记录行医的心得；自己是比老师年轻很多，一天下来，都感觉疲惫不堪，华佗却总是精力充沛，不知劳累。

尤其是一段时间里，每天天未明，华佗就夹着一卷图到不远处的竹林中去，行色匆匆，却又显得很隐秘的样子。有时走在路上，也是心事重重地，走着走着，忽然就用手用脚比比划划，做着奇特的舞蹈。

吴普心中不解，但是，他知道，华佗既然没有直接告诉自己，一定是他还没有考虑成熟。吴普沉住气，不动声色，暗暗地等待谜底的揭开。

　　这一天，他们从山冈上下来，已经是日暮时分，经过一条小河，忽然看到了非常罕见的一幕：一只斑斓猛虎，从草丛里扑出来，向正在河边饮水的一群麋鹿扑去，眼见得就要到近前了，麋鹿发觉了，四散而逃。于是，在丘陵地带，猛虎对麋鹿，进行着激烈的追逐。

　　吴普的心，一直吊到嗓子眼上下不来。在山林里采药，遇到猛禽猛兽，是难免之事，今天这样的场面，却是第一次看到。等到夜色全黑了，老虎和麋鹿早已不知去向，一阵风吹来，刚才惊出的汗，变得冰凉，身上大战，这才醒悟过来，急忙加快了脚步。

　　回到家中，吴普一连病了几天。等他病好，他发现华佗也变了样子。以前的心事重重，被恍然大悟取代，他的手脚，仿佛更有灵气了。

　　果然，华佗兴奋地对他说："我这许多天来，一直在捉摸刚刚得到的一幅图。"他把一卷白绢打开，上面画的是各种各样的人物动作造型。有双臂伸展的，有弯腰折臂的，有跃跃欲试，有静息凝神的……

"我想先自己弄明白了，再教你，可是，我知道这是一幅秦人留下来的健身图，却不知其中的机理何在。那天，在山上遇到猛虎捕食麋鹿，看它们紧张的追逐，我忽然明白了。原来，这图上的人的运动，就是根据动物的各种动作，模仿而成，是虎式、鹿式、鸟式等等的套路。"

可不是，听华佗一讲，吴普也觉得茅塞顿开。这全身下沉，欲进先退，正是猛虎扑食的准备动作，这轻灵跃起，如飞如舞的，不正是彩凤翱翔？按照这个思路，图上原先一个个独立的互不相关的动作，就可以依照内脏的联系组合起来，连贯而完整。

由此，华佗对前人所流传下来的运动图谱进行了深入的研究，再加上自己对各种动物的活动的观察，揣摩，编成了一套健身操，因为是根据虎、鹿、熊、猿、鸟的动作模仿而成，就叫做"五禽戏"。虎的凶猛，鹿的轻捷，熊的调皮，鸟的高蹈，都融入其中，非常有情趣。

华佗不只是把"五禽戏"教给吴普，还进一步做出理论上的说明："人的身体，需要多活动多劳作，只是要适量，不要劳累过度。人的身体经过活动，使胃中的谷物之气得以消化，血脉可以畅通于全身；人的生命，一靠食物，二靠血脉，这二者得到及时的流转，就可以减少和避免生病。江河的流水，因为永远流动而不会腐烂，门窗的枢轴，因为门窗的开合而常常转动，所以不会生蠹虫。我们的前辈中的有识之士，根据这些道理，创立了导引之术——就是因势利导，顺流而引，模仿动物的种种动作，让人的身体得到运动，气血流通，百病不生，手脚轻便，可以长生。我这'五禽戏'也是这个道理。要是身体和心中有什么不适，就起身做一做五禽之戏，做到身体出汗即可，还要防止运动以后遭受风寒，要及时擦干汗水，抹上利汗的药粉。若是能每天坚持演练，持之以恒，才为最好。"

吴普记住了华佗的教导，把"五禽戏"作为每天的必修课，无论是数九寒天，还是赤日炎炎，都从不间断。果然，他也像华佗一样，活到90多岁，仍然耳聪目明，牙齿牢固。他在行医的时候，也把"五禽戏"传授给他的病人。

到后来樊阿在跟华佗学习的时候，华佗的保健医学就更加全面地完善了。他用"五禽戏"使人们的身体得到充分的锻炼，又注意内外结合，加强了对人体内部的补益。为此，他创制了保健药方"漆叶青黏散"。在把这个药方传给樊阿的时候，华佗郑重地对樊阿说：

"中国医学的一大特色，就是强调对病人全身的综合平衡的把握，把病人自己的生理机能调动起来，以自身的修复机制和抗病能力去与疾病作战，而医生的各种治疗，都不过是辅助和加强病人的内在的生命力。总之，它不是头痛医头，脚痛医脚，而是以扶正祛邪，激发人体自身的健康力量为要旨。在古代的医学著作里，就一再地讲到用食物和药物健身强体的问题，像通常人们食用的米粥、鸡蛋、白菜、葱姜等，就都可以作为食疗的佳品。我现在所传给你的，则是我新配制出的一种保健药方，'漆叶青黏散'。我已经使用过多次，让病人服用，我自己也吃过，效果都

很好。'漆叶青黏散'的配方是，漆叶屑末十四两
（中国古代的度量衡制，一十六两位一斤。直到现代
才改为十进制），以这样的比例配制成药，合在一起
服用。日久天长，他的效果就会明显，可以去三虫，
利五脏，使人身体轻快，行走便捷，头发乌黑，老而
不白。你可以试用，也可以推广。"

依靠这么简单的两味药，就可以益寿延年？连一
向对老师毕恭毕敬的樊阿，也有些怀疑。

樊阿对华佗说："先生的这个药方，推广起来并
不为难，漆树生长于中原，到处都可以采集到，青黏
呢，在丰城、沛县、彭城、朝歌等地（古地名，在今
之安徽、江苏、河南境内）也有生长。只是，这样普
通的不起眼的树叶草叶，具有如此神效，这和人们的
习惯想法里所认为的不同。人们都觉得，那些犀角麝
香、龙肝凤胆之类的奇缺药品，才有神奇的疗效。相
反，日常生活唾手可得的东西，都被人们看不起。我
如何才能使人们相信它呢？"

华佗笑了，"你自己先要对它有信心，才能说服
别人呀。"

华佗又补充说："好的医生，不但要懂得药性，善于诊断，还要为普通民众着想，为医药的发展着想；人们都以为，只有名贵的药物才能治大病。但是，那些与黄金等价的药品，又有多少人家能够消受得起？只有日常生活中常见的、容易得到的药材，老百姓几乎不必花钱就可以找来的药物，才具有最大的医学价值。它可以救治大批的人于危亡之中。那些本事不高、架子不小的庸医，才喜欢动不动就用千金之药，用罕见之物，装潢门面，吓唬他人；其实，当年神农氏尝百草，还不是都是就近取材，都是平川山林里随手可得的野花野草。以极平易之物，治极非常之病，才是名医本色。我日常所用药材，亦是如此，常用的，不过几十种而已，要害在于物尽其用，用得恰当。一员骁将，能退百万追兵；三株野草，可抵万两黄金。我心目中的保健药方，是要让大多数人都能用得上，用得起的，所以，苦苦寻求多少年。你们平日里不曾理解，只以为我行医数十年，对药性了如指掌，却被一张小小的保健药方给难住了。你们哪里知道我的苦心？俗话说，由简单到复杂难，由复杂返简单更难，这就是返璞归真，回返本然。'漆叶青黏散'，就是我这种思想的充分体现。"

这下子，樊阿是打心眼里被说服了。他对华佗说："先生，您这里又给我上了宝贵的一课。我想到，我不只是要把老师的'漆叶青黏散'推广到民间去，更重要的是，我要把您的医学思想发扬光大，应用到我行医实践当中去！"

"漆叶青黏散"就这样流行于中原大地，使许多人受益匪浅。樊阿自己一直服用它，活过了100岁以上。

人间犹有未焚书

　　除了授徒传艺，还有一种传播思想和精神的方法，就是著作的流传。早在先于华佗许多年的西汉，史学巨匠司马迁就说到，个人呕心沥血的著作，"藏之名山，传之后世。"可以使精神长存，而为后人敬仰。

　　那么，华佗到底有没有传世之作呢？

　　前面说过，华佗在狱中，把自己的一卷医书烧掉了。但是，在后世，华佗的医学思想，在医学典籍里，仍然以两种方式流传下来。

　　第一种情况是，有些未曾署名的著作，被认为与华佗有关。距离华佗的年代不远的南北朝年间，学者陶弘景在为前人的药学专著《本草经》做注解的时候说过，《本草经》所载药物产地，采用的是郡县制的地名，而郡县制为后汉即东汉时期的制度，因此，《本草经》有可能是东汉末年的张仲景、华佗所记，然后由吴普、李当之补益增损而成。此外，在唐代的医学著作《千金要方》、《外台秘要》中，都记载了华佗关于伤寒学说的论述，如伤寒病的按日传变与治疗、热毒的可下与否、汗吐下法的应用、伤寒发热与虚热的鉴别与用方等，是继托名黄帝的《内经》之后论述外感热病理论的又一里程碑。当代学者对此评价甚高，认为华佗即使是在研究和治疗伤寒病上，也可能要高于以《伤寒论》著称的张仲景。另一方面，是一批署名为华佗的医学书籍的流传。收入今人所编的《华佗遗书》的，共有数目5种，《华氏中藏经》、《华佗先生玄门脉诀内照图》、《华佗神医秘传》、《华佗授吴普太上老君养生诀》和《华佗佚书辑存》。

对于这些遗书的真伪，学术界是有争议的。古人著述的习惯，和今人不同：今天，经常可以见到和听到，有人抄袭和剽窃他人的学术成果；在古代，为了各种考虑，人们不在自己创作的书籍上署上真名，却假托某个古代名人所写的事情屡见不鲜。比如，最早的医学专著《内经》，就托名是中华民族的始祖黄帝所作。华佗作为一代名医，被别人借用其名，也合乎情理。不过，大致可以肯定的是，华佗入狱的时候，不可能把所有的著作都带在身边，他想要交给狱吏而最终烧毁的一卷书，只是他的医学著作中的一部分。因此，华佗的著作传于世的可能性还是很大的。而且，即使说，上面的几种书都是伪作，其中也仍然可能有着华佗自己的医学著作的残余混杂期间。

最重要的是，在今天，华佗的医学成就，得到了充分的肯定。而托名为华佗的这些著作，在为华佗研究提供了有关资料的同时，也在证明着，尽管华佗是被残暴无情的统治者所杀害的，但是，从事医学活动的专家和一代又一代普通的人们，却在用各种方法纪念他，学习他，表达对他的尊敬和向往。那些冠之于他的名字的医学论著，就是这种心情的表现之一。

华佗，永远被中华儿女所敬仰！

注：一寸≈3.33厘米

世界五千年科技故事丛书